플랫폼 제국의
성공 시나리오

구글, 애플, 페이스북, 아마존
스타트업으로 시작해 IT 최강자가 되기까지!

플랫폼 제국의
성공 시나리오

다나카 미치아키 지음 | 이용택 옮김

이너북
INNERBOOK

4대 테크놀로지 기업의
성공 비법

세계의 디지털 시장을 장악하고 있는 미국의 4대 테크놀로지 기업인 구글(Google), 애플(Apple), 페이스북(Facebook), 아마존(Amazon)의 머리글자를 딴 것을 GAFA라고 부른다. 이 기업은 20년 동안 급성장하며 매출액 합계가 7,730억 달러에 이른다. 이는 한 국가를 초월할 정도의 거대 기업이 되었다는 의미이다. 글로벌 기업 중에서도 가장 벤치마킹해야 할 메가테크 기업임은 틀림없다.

세계 각국은 GAFA가 '21세기의 석유'라고도 불리는 데이터를 과점해서 시장을 지배하는 것을 우려하고 있다. 2020년 1월에는 구글이 '인터넷 검색과 광고에서 독점적인 지위를 이용해 경쟁을 막고 있다'라며 반트러스트법(antitrust laws) 위반 혐의로 미국 국무부로부터 제소를 당했다. 이 문제는 앞으로 다른 기업에도 확산될 가능성이 있다.

이처럼 지금은 각국이 위협을 느낄 만큼 거대화된 GAFA도 시작은 작은 스타트업 기업이었다. 수많은 스타트업 기업 중에서 왜 GAFA는 성장할 수 있었을까? 이들의 성장 전략은 MBA와 기업 분석 측면인 경영전략, 마케팅, 리더십 등과 같은 사례를 분석해보면 알 수 있다.

    이 책에서는 GAFA가 성장할 수 있었던 원동력을 비즈니스 모델과 재무전략, 조직 매니지먼트 등의 관점으로 다양하게 설명한다. 또한 이 기업들이 직면한 어려움이 무엇인지, 앞으로 GAFA를 따라잡으려는 차세대 기업은 어떤 곳이 있는지, 그리고 4대 메가테크 기업의 미래 전략까지 그림을 통해 이해하기 쉽게 풀었다.

    GAFA가 대단하다고 생각하는 이유와 이 기업들처럼 되려면 무엇이 필요할까? 또한 포스트 디지털 자본주의 시대에 'GAFA로부터 무엇을 배울 것인가?'라는 질문에 대한 답을 생각하면서 이 책을 읽으면 좋겠다.

다나카 미치아키

| 차 례 |

─────── Chapter 1 ───────

5대 요소로 분석하는 GAFA의 경쟁 전략

(**Column 01** GAFA 경영자 엿보기)

진화하는 GAFA의 비즈니스 모델

Column 02 GAFA 경영자 엿보기

—— Chapter 3 ——

결산서로 읽어보는 GAFA의 성공 시스템

——— Chapter 4 ———

혁신을 낳는 GAFA의 조직 매니지먼트

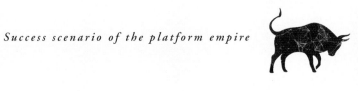

Success scenario of the platform empire

―――― Chapter 5 ――――

4대 플랫폼 기업의 허점

Chapter 6
GAFA를 이을 기업은 어디일까?

Success scenario of the platform empire

GAFA가 강한 이유

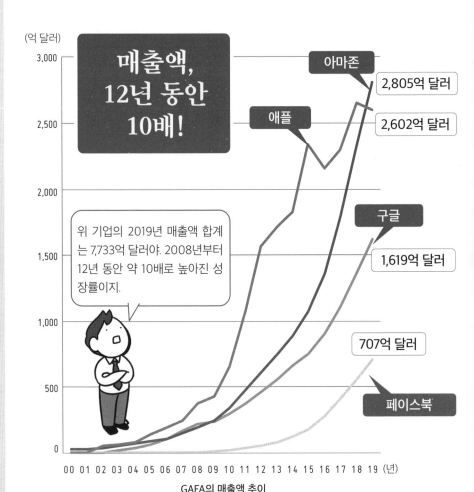

매출액,
12년 동안
10배!

위 기업의 2019년 매출액 합계는 7,733억 달러야. 2008년부터 12년 동안 약 10배로 높아진 성장률이지.

아마존
2,805억 달러

애플
2,602억 달러

구글
1,619억 달러

707억 달러

페이스북

00 01 02 03 04 05 06 07 08 09 10 11 12 13 14 15 16 17 18 19 (년)

GAFA의 매출액 추이

(억 달러)

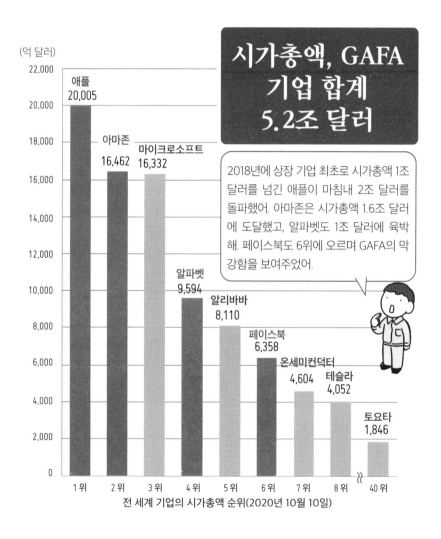

(억 달러)

시가총액, GAFA 기업 합계 5.2조 달러

애플
20,005

아마존
16,462

마이크로소프트
16,332

알파벳
9,594

알리바바
8,110

페이스북
6,358

온세미컨덕터
4,604

테슬라
4,052

토요타
1,846

2018년에 상장 기업 최초로 시가총액 1조 달러를 넘긴 애플이 마침내 2조 달러를 돌파했어. 아마존은 시가총액 1.6조 달러에 도달했고, 알파벳도 1조 달러에 육박해. 페이스북도 6위에 오르며 GAFA의 막강함을 보여주었어.

1위 2위 3위 4위 5위 6위 7위 8위 40위

전 세계 기업의 시가총액 순위(2020년 10월 10일)

연구개발비, 917억 달러

GAFA 기업의 2019년 연구개발비 총계는 900억 달러 이상이야. 이 금액은 모나코나 스위스의 국가 예산과 맞먹는 금액(2016년도/CIA)이지. 특히 페이스북이 매출액 대비 연구개발비 비율이 높은 이유는 AR(증강현실), VR(가상현실) 기술 개발에 투자를 많이 하기 때문이야.

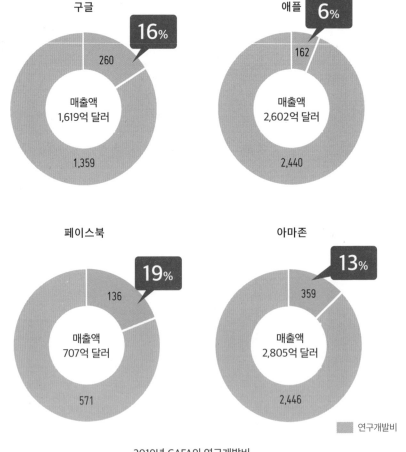

구글
16%
260
매출액 1,619억 달러
1,359

애플
6%
162
매출액 2,602억 달러
2,440

페이스북
19%
136
매출액 707억 달러
571

아마존
13%
359
매출액 2,805억 달러
2,446

연구개발비

2019년 GAFA의 연구개발비

16

M&A 건수, 519건 이상

GAFA 기업이 최근까지 시행한 M&A 건수와 투자액을 정리한 자료[1]에 따르면, GAFA 기업의 총 M&A 건수는 500건 이상이야. 이미 기술력이 있는 스타트업 기업을 M&A함으로써 기술력을 높이고 새로운 생태계를 만든 셈이지.

	매수 건수	매수 금액
구글[2]	231개사	322 억 달러 (53건분)
애플[3]	105개사	89 억 달러 (38건분)
페이스북[4]	82개사	243 억 달러 (25건분)
아마존[5]	101개사	238 억 달러 (36건분)

※1: 『GAFA의 결산서: 초엘리트 기업의 이익 구조와 비즈니스 모델을 파악한다』(간키출판)
※2: 2001년 2월 ~ 2019년 12월(18년 10개월)
※3: 1998년 3월 ~ 2019년 9월(21년 8개월)
※4: 2005년 8월 ~ 2019년 12월(14년 4개월)
※5: 1998년 2월 ~ 2018년 9월(20년 7개월)

GAFA의 M&A 실적

4곳의 기업을
비교해보자.

오늘날 GAFA는 그야말로 세계 경제를 이끄는 존재라고 할 수 있다. 코로나 시대 이후에도 변함없이 성장 가도를 달릴 것으로 보이는 이 4대 플랫폼 기업은 다른 기업과 어떤 점이 다를까? 이번 장에서는 『손자병법』을 조금 변형한 프레임워크를 활용해서 GAFA의 기업 전략을 분석한다.

Chapter 1

5대 요소로
분석하는
GAFA의
경쟁 전략

01 GAFA의 기업 전략을 다섯 가끼로 분석한다

GAFA처럼 한 국가의 규모와 맞먹는 거대 테크놀로지 기업의 경우, 기존의 프레임워크로는 그 전체적인 모습을 파악하기 어렵다. 이번 장에서는 '5대 요소 분석'이라는 새로운 프레임워크로 이 기업들의 전략을 분석한다.

이번 장에서는 GAFA의 경영전략을 이해하기 위해 '5대 요소 분석'을 활용한다. '5대 요소 분석'은 고대 중국의 전략가 손자(孫子)가 쓴 『손자병법(孫子兵法)』의 도(道), 천(天), 지(地), 장(將), 법(法)을 현대 경영의 관점에서 보는 것이다. 즉 기업 분석의 5대 요소로 활용하는 프레임워크인 셈이다.

도(道)는 '기업으로서 지향해야 할 바람직한 모습'으로 기업이 그리는 '큰 그림'이다. 이는 '미션(사명)', '비전', '가치', '전략' 등의 구체적인 단어로 표현

5대 요소 분석으로 기업을 파악한다

할 수 있다. 이 중에서 특히 미션은 제품과 서비스, 직원에게 얼마나 영향을 끼쳤는가에 따라 그 기업의 강점과 약점을 살펴볼 수 있는 지표가 된다.

천(天)은 외부 환경을 고려한 '타이밍 전략'을 지(地)는 '지리적 조건'으로 유리한 환경을 이용하고 불리한 환경을 극복하는 전략이다. 어느 사업 영역에서 비즈니스를 진행할 것인지가 중요하다. 장(將)과 법(法)은 기업 전략을 실행할 때 중요한 두 축인 '리더십'과 '매니지먼트'를 뜻한다. 둘 다 사람과 조직을 움직이는 수단이다. 장(將)은 각 기업의 리더십을 가리키고, 법(法)은 사업 구조와 비즈니스 모델, 그리고 기업이 구축한 플랫폼이나 생태계 등을 가리킨다. 이 다섯 가지 요소를 활용하면 다양한 각도에서 거시적·미시적 측면으로 GAFA를 분석할 수 있다.

02 검색 엔진의 왕, 구글의 5대 성공 전략 요소

구글은 기술 개발 방침을 '모바일 우선'에서 '인공지능 우선'으로 전환해 다각적으로 사업을 전개하고 있다. 이 기업의 5대 성공 전략을 살펴보자.

구글의 미션은 '전 세계의 정보를 수집·정리하고, 사람들이 그 정보에 접속해 사용할 수 있도록 하는 것'이다. 구글의 사업 전략에서 정보를 정리한다는 것은 광고 비즈니스와 밀접한 연관이 있다. 구글은 '인공지능 우선(AI-first)' 정책을 내세우며 자신들의 사업 전략을 자연스럽고 편하게 이룰 수 있는 세상을 만들려고 한다.

구글의 타이밍 전략은 전 세계의 정보를 정리하고, 사람들이 그 정보에 접속해 사용할 수 있는 기회를 제공한다. 지금이야말로 인공지능이 발달하고

구글의 5대 요소 분석

있는 매우 좋은 기회인 셈이다.

구글의 사업 전략은 세상의 막대한 정보와 커뮤니케이션, 행동 등을 디지털화하고, 그것을 광고 수입으로 수익화하는 비즈니스 모델과 플랫폼을 구축하는 것이다. 구글의 사업 영역은 파악하기 힘들 만큼 확대되고 있다.

현재 구글의 CEO는 순다르 피차이(Sundar Pichai)이다. 그는 직원이 일하기 좋은 기업을 지향하며 사업과 기술을 모두 이해하는 인재로 높이 평가받고 있다. 구글의 매니지먼트는 '미션×사업 구조×수익 구조'라고 파악하면 이해하기 쉽다. 다양한 서비스를 통해 정보를 디지털화하고, 그 모든 것을 광고 비즈니스로 연결해 수익을 얻고 있다.

03 아이폰 혁명으로 세계적인 기업이 된 애플의 5대 성공 요소

애플은 아이폰을 비롯한 디지털 기기로 높은 존재감을 과시하고 있다. 새로운 디지털 라이프 스타일을 꾸준히 제시해온 애플의 5대 성공 전략을 살펴보자.

애플은 특정한 미션을 표방하지는 않지만 '리드한다.', '재정의한다.', '혁명을 일으킨다.'라는 메시지로 기업의 세계관을 표현한다. 즉 애플의 미션은 '사물을 보는 시각을 바꾸고, 자신만의 독창적인 생각으로 가장 자신답게 사는 삶을 지원한다.'라고 할 수 있다.

애플의 타이밍 전략은 '각 사람마다 자신의 관점대로 자신 있게 사는 삶을 지원하는 기회'를 제공한다. 애플은 아이튠즈나 애플뮤직 등 스트리밍 서비

애플의 5대 성공 요소 분석

스에 참여함으로써 새로운 디지털 라이프 스타일을 제시하고 사람들의 삶을 더욱 자유롭게 만들었다.

애플의 사업 전략은 아이폰과 iOS에 의한 플랫폼 구축과 비즈니스 생태계 확립이라는 모델로 나뉜다. 창업 경영자인 스티브 잡스(Steve Jobs)는 수백 년에 한 번 나올까 말까 한 천재이며, 뛰어난 프레젠터이자 마케터였다. 현재 CEO인 팀 쿡(Tim Cook)은 잡스와 비교하면 평범한 사람처럼 보이지만, 조직력을 향상시키는 능력은 잡스에 결코 뒤지지 않는다.

애플의 비즈니스 모델은 아이폰을 비롯한 하드웨어 제품이 전체 매출의 약 70%를 차지한다. 미국과 중국의 대립이 심해지고 있는 상황에서 북미와 유럽에 이어 매출 순위 3위인 중국 시장이 앞으로 어떻게 변화할지 주목된다.

04 전 세계를 연결한 페이스북

> 페이스북은 메신저와 인스타그램 등에 새로운 서비스를 제공하며 몸집을 불렸다. 이렇듯 '소통의 장'을 제공함으로써 광고 수익을 올리고 있다. 이 기업의 5대 성공 요소를 살펴보자.

2017년부터 페이스북은 '사람들에게 커뮤니티를 구축하는 힘을 제공하고 세계를 더욱 밀접하게 만든다.'라는 미션을 내걸었다. 창업자인 마크 저커버그(Mark Zuckerberg)는 "사람과 사람이 더욱 가까워지는 세계를 실현하는 데 힘을 쏟겠다."라고 말했다.

페이스북의 타이밍 전략은 사람들에게 커뮤니티를 구축하는 기회를 제공한다. 최근에 선진국들이 보호주의를 내세우며 국경의 문을 좁혀가고 있다. 그러나 SNS나 메가테크 기업은 산업 간 장벽과 국경을 넘으며 영향력을 끼치고 있다.

페이스북의 5대 성공 요소 분석

페이스북의 사업 영역은 SNS에 기본적인 토대를 두고 있다. SNS는 사람 간의 사이를 밀접하게 만들고 대중성을 잇는 역할을 한다. 또한 마케팅의 힘도 그 영역을 넓히고 있다. 앞으로 더욱 빠른 전산망을 통해 연결성을 강화하고 증강현실, 가상현실을 활용할 수 있을 것으로 기대한다.

저커버그는 어릴 때부터 기술을 통해 사람을 서로 밀접하게 만드는 일의 가치를 발견했다. 그래서 스스로 나서서 행동하며 비전을 보여주기도 했지만 반대로 냉정함을 잃는 태도도 보였다. 그의 이러한 행동은 기업의 평가를 낮추는 요인이 되기도 했다. 2019년 페이스북 매출의 98.5%를 차지하는 것이 광고료이다. 사람과 사람을 이어주기 위한 플랫폼을 구축하고, 광고로 수익을 올리는 수익 구조가 매니지먼트의 특징이다.

05 전자상거래 분야의 최강자, 아마존의 5대 성공 요소

아마존은 '없는 게 없는 가게'에서 '없는 게 없는 회사'로 성장하며 아마존 웹 서비스로 수익을 급상승시켰다. 이 기업의 5대 성공 요소를 살펴보자.

아마존의 미션은 세계 최고의 고객 제일주의 회사이다. 이 미션과 떼려야 뗄 수 없는 것이 '고객 경험의 향상'이다. 아마존의 고객은 소비자뿐만 아니라 판매자와 개발자, 기업, 조직, 콘텐츠 제작자 등을 포함한 모든 사람이다. 아마존의 타이밍 전략은 고객 경험을 향상시키는 기술의 진화를 기회로 받아들이고, 모든 기술을 비즈니스로 연결하는 것이다. 예를 들어, 최근에 발달하고 있는 인공지능 음성 비서인 '아마존 알렉사'를 탑재한 스마트 스피커인

아마존의 5대 성공 요소 분석

'아마존 에코'에서 활용되고 있다.

아마존의 사업 영역은 '없는 게 없는 가게'에서 '없는 게 없는 회사'로 확대되었다. 현재 아마존은 오프라인 매장도 운영함으로써 현실세계와 가상세계를 융합하고 있다. 또한 아마존 웹 서비스(AMS; Amazon Web Service)는 고수익 비즈니스로 성장했다. 창업 경영자인 제프 베이조스(Jeff Bezos)는 '고객 제일주의 회사'를 만들고 싶어 하지만 사업의 규모가 확대될수록 기존 소매업의 실적이 악화되어가는 악순환을 맞이했다. 아마존의 사업 구조는 '아마존×AWS'를 기반으로 삼아 전자상거래 사이트나 아마존 에코 등을 통해 각종 플랫폼이 연결된 세상을 만든다.

검색 알고리즘의 개발자

래리 페이지

구글

구글의 공동 창업자인 래리 페이지(Larry Page)는 1973년 3월 26일에 미시간주립대학교에서 컴퓨터 공학을 가르치던 부모님 밑에서 태어났다. 집 안은 컴퓨터와 테크놀로지에 대한 책으로 넘쳐났고, 그는 어렸을 때부터 이런 책에 흥미를 보였다. 열두 살 때 발명가 니콜라 테슬라(Nikola Tesla)의 전기를 읽고 기술을 개발하고 확산시키는 것만큼 비즈니스로 발전시키는 것이 중요한 일임을 깨달았다.

페이지는 미시간대학교에 진학해 교통기관을 공부했고, 졸업 후에는 스탠퍼드대학교 컴퓨터과학 박사 과정에 진학했다. 이곳에서 웹의 링크 구조와 인간과 컴퓨터의 상호작용, 검색 엔진, 정보 액세스와 인터페이스의 확장성 등을 연구했다.

대학원 재학 중에 세르게이 브린(Sergey Brin)을 만나「대규모 하이퍼텍스트적 웹 검색 엔진에 관한 분석」이라는 제목의 논문을 공동으로 집필했다. 1998년에 페이지는 브린과 함께 구글을 설립했다.

구글이라는 회사명은 수의 단위 구골(googol)에서 유래했다. 1구골은 10의 100제곱을 나타낸다. 즉, '전 세계의 정보를 체계화하고, 누구나 그 정보에 접속해 사용할 수 있도록 한다.'라는 페이지와 브린의 미션이다.

페이지는 2001년 4월까지 구글의 공동 사장 겸 CEO를 맡았으며, 같은 해 7월에 에릭 슈미트(Eric Schmidt)를 영입해 페이지, 브린, 슈미트의 3인 경영 체제를 만들었다.

2011년 4월에 페이지는 구글의 CEO로 복귀했고, 2015년 10월에는 새롭게 설립한 지주회사 알파벳(Alphabet)의 CEO로 취임했다. 2019년 12월에 '경영이 안정된 알파벳과 구글에서 더 이상 CEO가 한 명 이상으로 필요하지 않다.'는 성명을 발표했다. 그는 알파벳에서 퇴임했고, 후임으로 순다르 피차이가 경영을 맡고 있다.

성장의 발자취를
살펴보자.

GAFA는 어떻게 해서 세계 최고 기업으로 성장했을까? 그것은 이
기업들이 구축한 독자적인 사업 구조와 경영 시스템 덕분이다. 이번
장에서는 4대 메가테크 기업이 약진한 비밀을 비즈니스 모델을 들
어 설명한다.

Chapter 2

/

진화하는 GAFA의 비즈니스 모델

01 [구글 ①] 모바일에서 인공지능으로

구글은 세계 검색 시장에서 90%의 점유율을 차지하고 있다. 전 세계 사람의 생활 속에 깊숙이 파고든 구글은 최근에 지주회사를 설립해 다양한 사업을 전개하고 있다.

구글은 검색 서비스를 시작으로 '전 세계의 정보를 정리하고 접속 가능하게 만들어 광고 비즈니스를 전개하는 것'이라는 미션을 내놓았다. 구글은 이 미션을 발전시키기 위해 '모바일 우선주의'를 내세워 안드로이드 OS를 오픈소스로 무상 제공했다. 곧 이용자의 압도적인 지지를 얻게 되었다. 안드로이드 OS로 인해 구글에서 정리한 정보를 이용자가 모바일을 통해 언제든지 접속할 수 있게 되면서 고객 경험의 상승으로 이어졌다.

또한 구글이 '인공지능 우선주의'를 내세워 자율주행이나 스마트시티를

구글의 미션 변화

전 세계의 정보를 정리한다
'전 세계의 정보를 정리하고, 사람들이 그 정보에 접속해 사용할 수 있도록 한다.'라는 미션을 수행하기 위해 기존의 검색 엔진과 더불어 구글 크롬 OS와 안드로이드를 발표했다.

지금까지의 구글 미션

실현하려고 하는 것은 자사의 미션을 바탕으로 더욱 쾌적하고 편리한 세상을 만들 수 있다고 믿기 때문이다. 자율주행이 실현된다면 자동차는 인공지능이 운전을 하고 운전자는 자유롭게 시간을 보낼 수 있게 된다. 궁금한 것이 있으면 인공지능에게 물어보고, 듣고 싶은 음악이 있으면 인공지능 스피커로 재생하면 된다. 구글의 여러 가지 서비스는 지주회사 알파벳의 '당신이 세상을 이용하기 쉽고 편리하게 만드는 것'이라는 미션과 상통한다.

인공지능 우선주의 세계
앞으로 구글의 목표는 자율주행에 의해 이동 시간을 자유롭게 활용할 수 있고, 인공지능 비서의 지원으로 실생활에서 취미생활까지 즐기는 쾌적하고 편리한 스마트시티를 만드는 것이다.

원포인트
스마트시티 개발에 착수한 알파벳의 자회사인 사이드워크 랩스(Side walk Labs)가 캐나다 토론토에서 도시계획을 진행하다가 2020년 5월에 사업 철수를 발표했다. 이 계획은 감시 사회의 디스토피아로 혹평을 받았다.

구글이
앞으로 꿈꾸는 세상

02 [구글 ②] 무료 전략으로 점유율 독점

2020년에 구글은 스마트폰 OS 점유율의 약 70%를 차지했다. 무상으로 안드로이드 OS를 제공하는 이유는 두 가지 커다란 이득이 있기 때문이다.

2007년 구글은 모바일용 OS인 안드로이드를 제공하기 시작했다. 2017년에 이용자는 전 세계적으로 20억 명을 넘었고, 2020년에는 세계 스마트폰 OS 점유율의 72%를 차지했다.

구글이 안드로이드를 무상으로 제공하여 얻은 이득은 두 가지이다. 첫째, 안드로이드를 탑재한 스마트폰 이용자가 늘어나면 그에 따라 제공되는 구글의 검색 기능과 지도, 동영상 등의 서비스 이용자도 늘어나게 된다. 이는 광고 수입의 상승으로까지 직결될 수 있다. 둘째, 구글의 애플리케이션 스토어

스마트폰 OS 시장을 지배하다

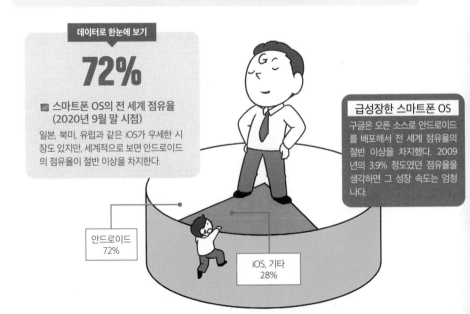

데이터로 한눈에 보기

72%

▨ 스마트폰 OS의 전 세계 점유율
(2020년 9월 말 시점)

일본, 북미, 유럽과 같은 iOS가 우세한 시장도 있지만, 세계적으로 보면 안드로이드의 점유율이 절반 이상을 차지한다.

급성장한 스마트폰 OS

구글은 오픈 소스로 안드로이드를 배포해서 전 세계 점유율의 절반 이상을 차지했다. 2009년의 3.9% 정도였던 점유율을 생각하면 그 성장 속도는 엄청나다.

안드로이드
72%

iOS, 기타
28%

인 '구글 플레이'에서 콘텐츠를 판매할 수 있다. 구글은 구글 플레이에서 판매되는 애플리케이션이나 애플리케이션 내 과금 콘텐츠의 판매액 중 30%를 수수료를 받는다. 이는 애플의 '앱 스토어'와 동일하다. 안드로이드의 'OHA'라는 OS에서는 구글 플레이가 표준 설치되어 있다. 그러나 안드로이드용 애플리케이션 스토어가 이외에도 존재하기 때문에 애플리케이션 판매 분야에서 아이폰만큼 강력한 생태계를 구축하지 못했다.

구글은 2010년에 중국 시장에서 사업을 철수하면서 안드로이드 비즈니스에 영향을 주었다. 특히 중국의 검열과 통제를 싫어하는 직원들과 경영진의 의견에 차이가 있어서, 앞으로 구글이 거대한 스마트폰 시장인 중국을 공략하려면 여러 개의 높은 난관을 넘어야 할 것으로 보인다.

이용자의 증가는 광고 수입의 증가
구글이 무료로 OS를 배포한 이유는 자신들이 제공하는 검색 엔진과 지도, 위치 정보, 동영상 등의 서비스 이용자를 늘리고 광고 수입을 증가시키기 위해서이다.

원포인트
인기 게임 '포트나이트(fortnite)'는 구글 플레이 및 앱 스토어의 수수료(30%)에 반발해 애플리케이션 스토어에서 철수했다.

콘텐츠 판매에 반발하는 목소리
최근에는 '구글 플레이' 이용자도 확대되고 있다. 콘텐츠 판매 수수료는 판매액의 30% 정도이다. 높은 수수료는 일부 애플리케이션 제작자의 반발을 사고 있다.

부가 서비스 이용자의 확충

안드로이드 이용자의 확대

03 [구글 ③]
광고 의존 체제에서 벗어나기

최근에 광고 수입의 상승률이 둔화되면서 매출을 크게 늘리고 있는 부문이 유튜브와 구글 클라우드이다. 구글은 광고에 의존하지 않기 위해 비즈니스 모델을 다각화하고 있다.

구글이 계속해서 성장할 수 있었던 원동력은 매출의 80% 정도를 차지하고 있는 광고 사업이다. 그러나 페이스북 등 광고 사업 분야의 경쟁 기업이 더 두각을 나타내자 구글의 광고 수익률은 떨어졌다. 구글은 2019년 2월 미국 디지털 광고 시장에서 검색 건수 기준으로 전년도 대비 성장률이 15%에 그쳤다. 전년도 대비 2018년 2월 성장률 22%에 비해 오름폭이 줄었다.

하지만 유튜브와 구글 클라우드는 매년 수익이 증가했고, 실제로 2020년에 발표한 알파벳의 결산 정보에 의하면 2019년 구글 클라우드의 매출과 수

구글의 수익 구조(2019년)

데이터로 한눈에 보기

343억 달러

▨ 알파벳의 순이익(2019년)

2019년 매출은 전년 대비 18% 증가한 1,619억 달러이다. 구글의 광고 수입뿐만 아니라 유튜브의 수익 증가도 순이익을 올리는 데 영향을 끼쳤다.

코로나 사태의 영향일까?
알파벳의 수익 중 80%는 구글의 광고 수입이지만 최근에 성장률이 둔화하고 있다. 2020년은 코로나 사태로 미국 광고 수입이 전년 대비 -5.3%가 될 것으로 전망된다.

2020년은
수난의 해

디지털 광고

익이 동시에 대폭 상승했다. 2019년 구글의 전체 매출은 1,619억 달러이고 그중 광고 수입은 1,348억 달러이다. 매출이 특히 늘어난 부문이 유튜브 광고(전년 대비 36% 증가)이고, 구글 클라우드(전년 대비 53% 증가)도 한몫했다. 그중 유튜브 광고의 매출은 151억 달러이다. 구글의 클라우드 컴퓨팅 서비스는 구글 클라우드 플랫폼과, 구글 웹 서비스인 워크스페이스로 이루어져 있는데, 2019년에는 89억 달러의 매출을 올렸다.

구글은 앞으로 구글 클라우드와 유튜브를 광고 사업에 버금가는 수익원으로 성장시킴으로써 광고 의존적인 비즈니스 모델에서 벗어나려고 한다. 그러나 클라우드 사업의 성장률이 아무리 높다고 해도 아마존이나 마이크로소프트와는 커다란 격차가 있는 것이 사실이다.

유튜브는 성장 중
유료 구독 서비스인 '유튜브 프리미엄(YouTube Premium)'과 '유튜브 뮤직(YouTube Music)'의 가입자 수가 2,000만 명이다. '유튜브 TV'의 가입자 수가 200만 명을 넘어서는 등 순조롭게 매출을 올리고 있다.

클라우드 서비스도 성장 중
2019년 구글 클라우드의 매출액은 89억 1,800만 달러이다. 2020년에는 100억 달러를 넘어설 것으로 보인다.

구글 클라우드

원포인트
2020년 2~3월의 클라우드 매출액 1위는 마이크로소프트가 제공하는 법인용 클라우드이다. 매출액은 125억 달러로 그 뒤를 잇는 2위는 아마존이 제공하는 AWS이다. 매출액은 99억 달러이다.

유튜브

알파벳

GAFA 04 [구글 ④]
최첨단 인공지능 기술

구글의 인공지능 개발 기술력은 GAFA 중에서도 최고로 꼽힌다. 구글은 인공지능 탑재 자동차 프로젝트로 자율주행 택시를 상업화하는 데 성공했다.

구글은 전 세계적으로도 최고 수준의 연구 조직인 '구글 브레인'을 자랑한다. 이들의 인공지능 기술력은 GAFA 중에서도 높은 수준에 있다. 구글의 인공지능을 상징하는 것 중 하나가 음성 인공지능 비서인 '구글 어시스턴트(Google Assistant)'이다. 구글은 이 인공지능을 탑재한 스마트 스피커인 '구글 홈'으로 하드웨어 판매에도 본격적으로 나섰다. 또한 인공지능을 충분히 활

차세대 자동차 '웨이모' 프로젝트

용할 수 있는 분야는 완전 자율주행이며, 2016년에 자율주행 개발 프로젝트
인 '웨이모(Waymo)'를 발족해 차세대 자동차 개발에서 독보적인 위치를 차
지하고 있다.

2014년에는 지엠, 아우디, 혼다, 현대, 엔비디아 등이 참여하는 OAA(Open
Automotive Alliance)라는 연합을 발표했다. 안드로이드를 자동차에 탑재하는
프로젝트로써 최종적으로는 자동차 탑재용 안드로이드를 만들 계획이다.
2018년에는 웨이모가 세계 최초로 자율주행 택시의 상업화를 미국에서 시
작했다. 그러나 구글이 자율주행 자동차로 실현하려고 하는 것은 하드웨어
를 제공하는 일이 아니다. 최종 목적은 자율주행 자동차에 안드로이드와 같
은 오픈 플랫폼으로서의 OS를 제공함으로써 고객 접점을 늘리고 새로운 서
비스를 제공해서 수익을 얻는 것이다.

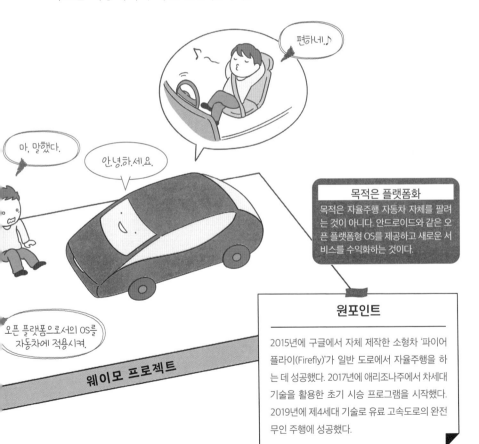

편하네.♪

아, 말했다.

안녕하세요.

목적은 플랫폼화
목적은 자율주행 자동차 자체를 팔려는 것이 아니다. 안드로이드와 같은 오픈 플랫폼형 OS를 제공하고 새로운 서비스를 수익화하는 것이다.

오픈 플랫폼으로서의 OS를 자동차에 적용시켜.

웨이모 프로젝트

원포인트

2015년에 구글에서 자체 제작한 소형차 '파이어플라이(Firefly)'가 일반 도로에서 자율주행을 하는 데 성공했다. 2017년에 애리조나주에서 차세대 기술을 활용한 초기 시승 프로그램을 시작했다. 2019년에 제4대 기술로 유료 고속도로의 완전 무인 주행에 성공했다.

GAFA 05 [애플 ①]
고수익 사업, 아이폰

애플은 세계 최초로 시가총액 1조 달러를 넘은 기업이다. 다른 스마트폰 제조사와 차별화된 이유는 항상 새로운 디지털 라이프 스타일을 제안하고 시대를 이끌었기 때문이다.

스마트폰 중에서 가장 높은 존재감을 과시하고 있는 것은 애플의 아이폰이다. 2007년 발매된 아이폰은 애플의 실적을 이끌었다. 애플은 2018년 8월에 세계 최초로 시가총액 1조 달러를 넘은 기업이 되었다.

과거 애플은 '애플 컴퓨터'라는 회사명으로 개인용 컴퓨터인 매킨토시를 상품화했다. 지금은 기기의 종류와 서비스도 모두 확대되었지만, 제조사라는 점은 변함이 없다. 애플이 성공할 수 있었던 가장 큰 이유는 단순히 스마트폰을 개발하여 판매했기 때문이 아니라 스마트폰을 통해 '새로운 디지털 라이

애플이 선사하는 '사용자 경험'

높은 브랜드 가치
제품 디자인에 대한 집념과 사용자 경험으로 '사용자가 자신은 특별한 기기를 사용하고 있다.'라는 우월감을 갖도록 만들었다.

프'를 만들었기 때문이다.

애플은 독특한 제품 디자인과 사용자 경험을 배경으로 열광적인 이용자를 만들었다. 애플을 다른 스마트폰 제조사와 동일하게 보기 힘든 이유는 애플의 스타일에서 많은 사용자가 높은 브랜드 가치를 느끼기 때문이다. 이러한 가치 덕분에 다른 제조사가 가격 경쟁에 나설 때, 애플은 충분히 이익을 내는 가격으로도 기기를 판매할 수 있게 되었다.

2020년 4~6월의 세계 스마트폰 출하 대수 비율은 화웨이가 20%, 삼성이 19.5%, 애플이 13.5%이지만, 애플이 아이폰으로 얻은 이익은 업계 전체 이익의 70% 가까이를 차지하고 있다. 이는 세계 스마트폰 시장의 이익을 애플이 독점하고 있음을 나타낸다.

애플의 스마트폰 시장 독점

데이터로 한눈에 보기

66%

■ 애플의 스마트폰 시장 이익 점유율

열광적인 팬층의 지지를 받아서 과도한 가격 경쟁에 참가할 필요 없이 고가의 상품을 팔 수 있다.

이제 곧 5G 거품이 빠질 거야.

새로운 상품을 내놓으면 팔려.

가격을 내려야 해……

애플이 스마트폰 시장 전체에서 차지하는 이익 점유율은 66%이다.

스마트폰 시장 전체에서 타사가 차지하는 이익점유율은 34%이다.

원포인트

2019년, 전 세계에서 사용되는 아이폰은 9억 대를 기록했다. 2018년 말에는 실질적으로 사용되는 iOS 탑재 기기는 14억 대 이상으로 조사되었다.

[애플 ②]
최강의 고부가가치 작전

애플의 강점은 다른 회사에는 없는 높은 브랜드 가치이다. 창업 경영자 스티브 잡스가 개발한 아이폰은 새로운 라이프 스타일을 제안하기에 안성맞춤으로 기업의 상징이 되었다.

애플의 '나답게 사는 삶을 지원한다.'라는 강한 신념은 창업자인 스티브 잡스의 생각을 이어온 것이다. 한때 애플에서 쫓겨난 잡스가 복귀한 뒤, 1997년에 선보인 광고에서 내세운 것이 'Think different(다르게 생각하라).'라는 문구였다. 아인슈타인, 존 레논, 파블로 피카소 등이 등장하는 이 광고는 '자신이 세상을 바꿀 수 있다고 믿는 사람이 정말로 세상을 바꾼다.'라고 역설한다. 바로 자신들의 제품이나 서비스가 세상에 제시하고 싶은 철학을 담은 것이다.

애플의 마케팅 전략

애플이 GAFA 중에서 특히 뛰어난 점은 제공하는 상품이 프리미엄 브랜드(일반적인 상품보다 브랜드 가치가 높고, 가격을 높게 책정하여도 판매 가능한 상품)화되어 있다는 사실이다.

대표적인 예가 아이폰이다. 아이폰(iPhone)의 'i'가 소문자로 시작되는 것이 주목을 끄는 한편, '나만의 것', '나다운 것'이라는 의미와도 연결되어 있다는 것을 알게 된다. 곧 브랜드 가치가 담겨 있는 셈이다. 아이폰의 기능적인 우수함은 고객 경험(CX; Customer Experience)과 고객 접점(CI; Customer Interface)이 뛰어나 사용하기 편리하다는 점이다. 또한 사용자는 제품을 이용하면서 '자랑스럽고 믿음직하다.'라는 기분이 든다는 점에서 아이폰의 브랜드 가치를 높인다. 최종적으로 아이폰은 '나다운 라이프 스타일을 보낸다.'라는 고객 가치를 제공하고 있다.

애플이 제시하는 철학

디자인에 대한 집념
1997년 애플은 파산 위기였지만, 스티브 잡스가 복귀한 후 디자인에 대한 집념으로 아이맥, 아이팟, 아이폰 등 혁명적인 상품을 세상에 내놓았다.

심플하게!

사용자를 이해하고 공감한다.

세부적인 것에 신경 쓴다.

사용자를 배려하는 마음을 갖는다.

포커스를 정한다.

친숙함을 만든다.

07 [애플 ③]
아이폰 의존 체제에서 벗어나기

애플의 서비스 사업에서의 매출도 급성장 중이다. 2020년에 출시한 구독 서비스인 애플 원은 애플의 서비스 사업 확대에 어떤 역할을 할지 관심사이다.

2020년 9월에 애플은 구독 서비스 '애플 원(Apple One)'을 발표했다. 애플 원은 '애플 뮤직', '애플 TV+', '애플 아케이드', '아이클라우드 스토리지' 등의 구독 서비스를 하나로 통합했다. 100개 이상의 국가에서 애플 아이디만 있으면 아이폰, 아이패드, 아이팟 터치, 애플 TV, 애플 맥 등에서 제공하는 서비스를 복합적으로 즐길 수 있게 된 것이다. 기기에 상관없이 모든 서비스를 이용할 수 있는 점은 사용자에게 큰 매력으로 다가왔다.

주력 상품의 변화

하드웨어가 매출의 70%
2019년 9월 시점에서 1년 매출액을 살펴보면, 아이폰을 앞세운 하드웨어의 매출이 전체의 70% 이상을 차지한다.

이제 컴퓨터를 바꿔야겠어.

맥북 에어 갖고 싶어!

하드웨어 의존

2019년 9월을 기준으로 보면 애플의 1년 매출액은 아이폰이나 애플 맥 등의 하드웨어 매출이 전체의 70% 이상을 차지하는 반면, 서비스 사업의 매출은 18%에 불과하다. 그러나 2014년의 서비스 사업 매출액과 비교하면 2.5배 이상이나 성장했다. 즉 기존에 구독 서비스를 하나로 통합해 가격적으로도 우위에 선 '애플 원'은 애플의 서비스 사업 강화의 하나라고 할 수 있다. 앞으로 다른 기업의 구독 서비스와 어떻게 차별화시킬 수 있을지 주목된다. '애플 뉴스+', '애플 피트니스+'는 애플 원의 서비스 개시 시점에는 포함되지 않았지만, 앞으로 추가될 것으로 예상되며 이용자가 더욱 확대될 것으로 예상된다.

구독 서비스의 통합

'애플 뮤직', '애플 TV+', '애플 아케이드', '아이클라우드 스토리지' 등의 구독 서비스를 통합한 '애플 원'을 발표. 기기에 상관없이 즐길 수 있는 서비스로 주목받고 있다.

데이터로 한눈에 보기

18%

▨ 서비스 사업의 매출 비율

서비스 사업의 매출은 전체의 18% 이지만, 5년 동안 2.5배로 성장했다.

음악에서 게임까지.

서비스 중시

GAFA 08 [페이스북 ①]
27억 명의 플랫폼

전 세계적으로 막대한 이용자 수를 자랑하는 페이스북은 인스타그램을 매수함으로써 신규 이용자를 더욱 확보했다. 이는 마케팅 플랫폼으로서의 존재감을 강화한 계기가 되었다.

페이스북의 주요 비즈니스는 '페이스북', '인스타그램', '메신저', 메시지 앱인 '와츠업', 가상현실을 다루는 '오큘러스(oculus)' 등 다섯 가지이다. 특히 페이스북의 SNS는 이용자 수가 압도적으로 많고, 사람과 사람 사이를 연결하는 소통 창구로 평가받는다. 페이스북 계정이 있고, 한 달에 한 번 이상 페이스북이나 메신저에 로그인하는 이용자(MAU; monthly active user)는 2020년

페이스북의 핵심 사업

데이터로 한눈에 보기

27억 명

▨ 페이스북 월간 이용자 수

페이스북은 경쟁하는 SNS와 커다란 격차를 벌리며 27억 명 이상의 이용자를 확보했다. 참고로 트위터는 3억 명이 이용 중이다.

② 인스타그램
SNS에 사진을 올리고 공유한다. 인플루언서가 올린 사진은 소비 행동에 커다란 영향을 끼치기도 한다.

① 페이스북
창업자 마크 저커버그가 에두아르도 사베린(Eduardo Saverin)과 함께 시작한 원조 SNS이다.

좋아요.

친구 100명이 생길까?

#인스타

인스타 감스

6월을 기준으로 27억 명에 달한다.

MAU의 수는 북미, 유럽, 아시아, 기타 지역 등 전 세계에서 꾸준히 상승 중이다. 인스타그램, 와츠업도 많은 이용자를 확보하고 있다. 최근에도 동영상 서비스 '페이스북 와치'를 제공하기 시작하는 등 새로운 서비스를 진행 중이다.

페이스북의 비즈니스 모델은 '사람과 사람을 연결하기 위한 플랫폼을 제공하고, 더 많은 사람을 플랫폼으로 모아 데이터를 수집하여 최적화된 광고로 수입을 올리는 것'이다. '오디언스 네트워크'라는 서비스를 이용하면 제휴하고 있는 앱에서도 광고를 내보낼 수 있다는 장점이 있다. 광고는 페이스북 이용자의 데이터를 토대로 최적화되므로 페이스북은 마케팅 플랫폼으로서도 압도적인 존재라고 할 수 있다.

09 [페이스북 ②]
비즈니스 모델의 전환

테크놀로지 업계에 커다란 영향을 끼친 개인 정보 유출 문제를 둘러싸고 페이스북은 '사생활 중심 비전'을 발표하며 새로운 비즈니스 모델의 전환을 꾀했다.

페이스북의 개인 정보 유출 등의 문제가 발생한 것은 CEO인 저커버그의 안일한 생각과 일종의 오만함 때문일 것이다. 각국은 페이스북이 막대한 개인 정보를 보유하고 있다는 점을 우려하고 있고, 최소한의 방어막을 마련해야 한다는 논의도 진행 중이다. 2019년 3월에 저커버그는 자신의 페이스북

페이스북의 생존 전략

개인의 의견을 전 세계로 발신한다

내 정보가 전 세계로 퍼졌어.

원포인트

2016년 미국 대통령 선거에서 페이스북이 가짜 뉴스의 온상이 되면서 신뢰성은 바닥으로 떨어졌다. 또한 개인 정보 보호 대책의 필요성도 지적되었다.

오픈 플랫폼

페이지에 '소셜 네트워크를 위한 프라이버시 중심 비전'이라는 제목의 긴 글을 공개했다.

페이스북이 이전의 오픈 플랫폼형에서 텐센트(tencent)나 라인(line)처럼 지인 사이의 교류를 중시하는 '메신저형 플랫폼'으로 전환하겠다는 선언이었다. 여기에 기존의 페이스북은 유지하면서 메시지를 보내거나 글을 올릴 때 암호화를 하거나 사적인 메시지가 오랫동안 남지 않는 새로운 플랫폼 원칙도 제시했다. 개인 정보 유출 위험에 대한 대응책으로 내놓은 이 방안은 페이스북의 신용을 회복하려는 의도가 있지만 단기적으로는 사업 전개와 수익에 악영향을 끼칠지도 모를 일이었다. 그러나 이 모든 사실을 짊어지고서라도 페이스북은 생존을 걸고 변화할 것을 대내외적으로 알린 셈이다.

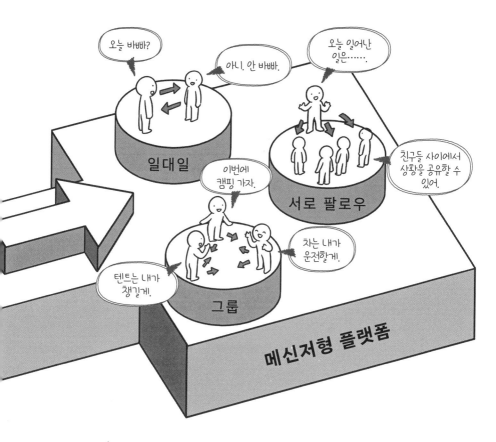

[아마존 ①]
세계 최고의 고객 제일주의

아마존은 소비자 욕구에 철저히 대응하는 '고객 제일주의'를 표방한다. 고객 경험을 중요시하는 이 전략은 아마존 CEO인 베이조스가 종이 냅킨에 그린 비즈니스 모델을 시초로 한다.

아마존은 소비자, 판매자, 개발자, 기업과 조직, 콘텐츠 제작자 등을 고객이라고 정확히 정했다. 소비자는 B to C(기업 대 소비자 거래) 서비스의 고객이고, 나머지는 B to B(기업 간 거래) 서비스의 고객이다. 판매자는 아마존에 입점한 사업자이고, 개발자는 아마존 웹 서비스(AWS)의 고객이다. 콘텐츠 제작자는 아마존 프라임 비디오 등의 동영상 발신에 참여하는 제작자를 가리

아마존이 분류한 다섯 고객층

킨다.

제프 베이조스는 아마존을 창업할 때 자신의 비즈니스 모델을 종이 냅킨에 그렸다. 이 그림에서는 상품의 종류를 늘리면 고객의 선택지가 증가하면서 고객 만족도가 높아지고 그것은 '고객 경험'이 상승하는 결과를 만들었다. 또한 고객 경험이 증가하면 '유통'이 증가하고 아마존 사이트에 사람이 모여들게 된다. 그러면 상품을 팔고자 하는 판매자가 모여들고 상품의 가짓수가 늘어나면서 또다시 '고객 경험'이 상승한다. 이런 사이클이 계속 반복하는 비즈니스 모델이었다. 하지만 이 사이클만으로는 사업 확대가 이루어지지 않았다. 베이조스는 저비용 구조와 저가격이 필요하다고 생각했다.

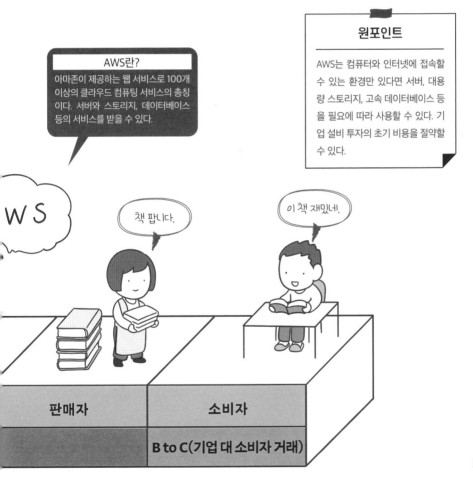

원포인트

AWS는 컴퓨터와 인터넷에 접속할 수 있는 환경만 있다면 서버, 대용량 스토리지, 고속 데이터베이스 등을 필요에 따라 사용할 수 있다. 기업 설비 투자의 초기 비용을 절약할 수 있다.

AWS란?
아마존이 제공하는 웹 서비스로 100개 이상의 클라우드 컴퓨팅 서비스의 총칭이다. 서버와 스토리지, 데이터베이스 등의 서비스를 받을 수 있다.

책 팝니다.

이 책 재밌네.

판매자	소비자
	B to C(기업 대 소비자 거래)

[아마존 ②]
전자상거래와 AWS의 2대 사업

아마존의 전자상거래 사업은 박리다매로 이익률이 낮다. 한편 급성장을 이루며 고수익을 내고 있는 것은 클라우드 사업을 담당하는 AWS이다.

아마존은 인터넷에서 상품이나 서비스를 판매하는 전자상거래 기업이라는 이미지가 강하지만, 영업이익률(총매출을 영업손익으로 나눈 수치)은 요즘 5~6%에 그친다. 영업이익률은 이익을 올리는 효율을 나타내므로 수치가 높을수록 효율적으로 이익을 올린다는 의미가 된다. 한 가지 덧붙인다면 2019년 야후의 영업이익률은 15%였다. 아마존이 창업한 뒤 지금까지 내세우고 있는 장기적인 성장 전략으로는 최종 이익에서 약간의 흑자를 내거나 적자

아마존을 유지시키는 2대 사업

전자상거래 사업

를 유지하는 것이다.

매출액이 꾸준히 성장했음에도 불구하고 회사가 적자를 면하지 못하는 이유는 무엇일까? 매출액의 대부분을 새로운 상품과 서비스를 개발하는 데 투자했기 때문이다. 즉 아마존은 단기적으로 이익을 올리는 것이 목적이 아니라, 장기적인 관점에서 신규 사업 확대에 투자하는 것이다.

AWS 사업은 급성장을 거듭한 사업이다. AWS는 2006년에 실험적으로 시작한 아마존의 클라우드 사업인데, 2020년 4월에는 연매출 400억 달러 이상으로 성장했다. 전자상거래의 이미지가 강한 아마존이지만, AWS는 현재 클라우드 컴퓨팅 시장에서 30%의 점유율을 차지할 만큼 성장했다. 아마존은 높은 마진의 AWS를 기업 간 거래 서비스로 확대했다. 클라우드 사업과 전자상거래 사업은 아마존을 유지하는 두 기둥이라고 할 수 있다.

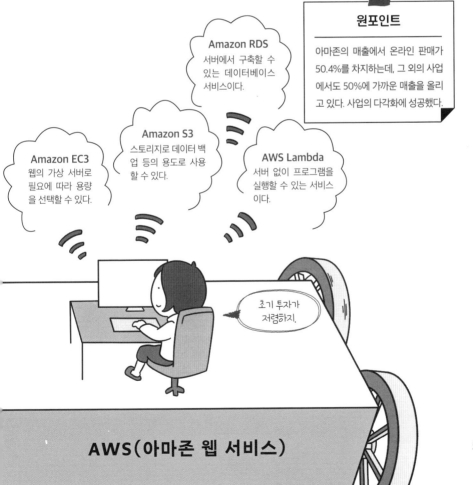

원포인트

아마존의 매출에서 온라인 판매가 50.4%를 차지하는데, 그 외의 사업에서도 50%에 가까운 매출을 올리고 있다. 사업의 다각화에 성공했다.

Amazon RDS
서버에서 구축할 수 있는 데이터베이스 서비스이다.

Amazon S3
스토리지로 데이터 백업 등의 용도로 사용할 수 있다.

AWS Lambda
서버 없이 프로그램을 실행할 수 있는 서비스이다.

Amazon EC3
웹의 가상 서버로 필요에 따라 용량을 선택할 수 있다.

초기 투자가 저렴하지.

AWS(아마존 웹 서비스)

[아마존 ③]
성장의 힘, Day 1 문화

GAFA 12

아마존의 최고 경영자 제프 베이조스는 'Day 1(창업 첫날)'이라는 단어를 집요할 정도로 사용한다. 이 말에 담겨 있는 뜻은 무엇일까?

아마존은 이미 거대 기업이 되었지만, 여전히 혁신적인 변화를 추구하며 성공을 거듭하고 있다. 제프 베이조스는 2019년 주주서한에서 '이런 상황에서도 아직 Day 1입니다.'라는 말로 마무리했다. Day 1이란 '창업 첫날'이라는 의미로 그는 기업이 이 열정을 유지하는 것이 얼마나 중요한지 강연이나 인터뷰에서 강조했다. 이와 반대로 'Day 2'는 창업 당시의 정신을 잊어버리고 쇠퇴하는 '대기업병'을 비판하는 말이다.

Day 1을 유지하는 4가지 법칙

① 진정한 고객 지향
일반적인 기업은 경쟁우위성을 찾으려고 하지만 아마존은 타사와 비교경쟁하지 않는다. 경쟁사와 비교하면 '고객 제일'이 아니라 '경쟁 제일'이 되기 때문이다.

② 절차화에 대한 저항
'절차화'가 진행되면 잘못이 발생했을 때 절차에 따랐을 뿐이라는 변명이 통하게 된다.

2017년 아마존의 연차 보고서에는 아마존을 'Day 2'로부터 보호하는 법칙으로 '진정한 고객 지향', '절차화에 대한 저항', '최신 트렌드에 신속하게 대응하기', '최고의 의사결정 시스템' 등의 네 가지를 꼽았다. 또한 매년 공개되는 베이조스의 주주서한에는 반드시 '1997년의 주주서한'이 첨부된다. 그가 1997년에 품었던 'Day 1'의 신념을 변함없이 간직하고 있음을 주주에게 표명하는 것이다. 또한 그의 사무실이 있는 건물에는 반드시 'Day 1'이라는 이름이 붙어 있다. 그만큼 베이조스가 중요하게 생각한다는 것이며 아마존이라는 기업 문화를 이해하는 데 가장 중요한 키워드이다.

원포인트

'Day 1'은 '창업 첫날'을 의미하는 말이다. 제프 베이조스는 'Day 2'에 빠지지 않는 것이 기업의 책임이라고 강조했다.

기계학습과 인공지능
컴퓨터에 데이터의 패턴과 구조를 분석·해석시켜 자율적으로 학습한다. 추론, 판단할 수 있도록 하는 계산과학 분야가 기계학습이며, 인공지능의 하위 범주에 속한다.

빠른 의사결정을 돕는 네 가지 규칙
'의사결정 방법을 두 가지로 분류한다.', '70% 의 정보로 의사결정을 한다.', '동의를 구하고 약속을 제시한다.', '부서 간의 이해 대립을 이해한다.'

딥러닝.

저기요~

좋아요.

아직 아무 이야기도 안 했어요.

신 트렌드에 대한 신속한 대응
존이 최근 초점을 두고 있는 최신 드는 기계학습과 인공지능이다.

④ 최고의 의사결정 시스템
대기업병에 빠지지 않기 위해서는 양질의 신속한 의사결정이 필수이다. 이를 위해서 아마존에는 네 가지 규칙이 있다.

[아마존 ④]
마케팅 4.0

GAFA 13

필립 코틀러는 온라인과 오프라인의 경계를 융합한 마케팅 4.0을 제시했다. 그것을 실현한 것이 '아마존 북스'이다.

'마케팅의 신'이라고 불리는 미국의 경제학자 필립 코틀러(Philip Kotler) 교수는 '새로운 유형의 고객의 특성을 설명하며 마케팅의 미래를 고객여정(customer journey) 전체에 걸쳐 온라인과 오프라인 체험의 경계 없는 융합이다.'라고 지적하며 '마케팅 4.0'이라는 개념을 제시했다. 고객여정이란, 고객이 상품이나 서비스에 관심을 두기 시작하면서 최종적으로 구입이나 이용에 이르기까지의 과정을 말한다.

아마존이 실현한 마케팅 4.0

전자상거래와 실제 매장을 적절히 조합해야 해!

재고를 확보하고 즉시 출고시켜야지.

고객에게!

전자상거래(온라인

코틀러는 고객여정에서 현대의 소비자는 온라인과 오프라인을 자유롭게 넘나들 수 있고 그 선택권이 있으며 전자상거래와 실제 매장이 융합하는 세상이 찾아왔다는 점을 지적했다.

이 '마케팅 4.0'을 실현한 것이 '아마존 북스(Amazon Books)'이다. 당장 읽고 싶은 책이 있으면 아마존의 전자상거래 사이트에서 전자책 리더기인 '킨들(kindle)'을 구입한다. 실제 종이 책을 구입하고 싶다면 오프라인 매장인 아마존 북스에 가서 구입하면 된다. 아마존 이용자는 온오프라인을 자유롭게 넘나들 수 있는 것이다. '마케팅 4.0'을 실현할 수 있는 이유는 아마존이 빅데이터와 인공지능을 활용하는 테크놀로지 기업이기 때문이다.

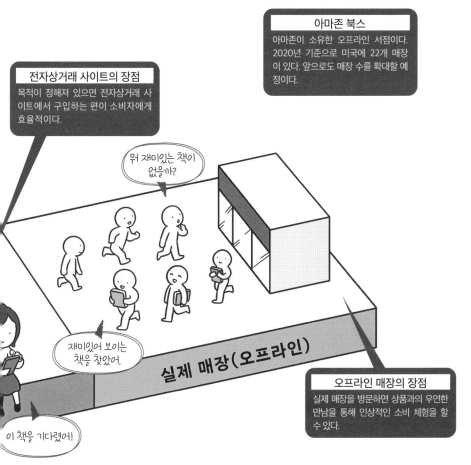

아마존 북스
아마존이 소유한 오프라인 서점이다. 2020년 기준으로 미국에 22개 매장이 있다. 앞으로도 매장 수를 확대할 예정이다.

전자상거래 사이트의 장점
목적이 정해져 있으면 전자상거래 사이트에서 구입하는 편이 소비자에게 효율적이다.

뭐 재미있는 책이 없을까?

재미있어 보이는 책을 찾았어.

실제 매장(오프라인)

오프라인 매장의 장점
실제 매장을 방문하면 상품과의 우연한 만남을 통해 인상적인 소비 체험을 할 수 있다.

이 책을 기다렸어!

[아마존 ⑤]
차세대 서비스 전략

아마존은 무인 편의점 '아마존 고', 인공지능 비서 '아마존 알렉사', 항공운송업 '아마존 에어' 등과 같은 차세대 서비스를 펼치고 있다.

2018년 1월, 아마존은 무인 편의점 '아마존 고(Amazon Go)'의 1호점을 열었다. 아마존은 여러 가지 형태로 실제 매장을 운영하고 있다. 특히 스마트폰에 앱을 다운받고 아마존 계정에 로그인하면, 아마존 고 매장에서 쇼핑한 상품을 계산대로 가져갈 필요가 없다. 곧 출입문을 통과하는 것만으로 QR코드가 읽혀 자동으로 상품 값이 계산된다. 상품 대금은 아마존 계정에 청구되므로 계산대를 세울 필요가 없어졌다. 아마존은 고객에게 새로운 체험을 제공하는 동시에 실제 매장에서 이루어지는 고객 구매 활동에 대한 데이터를

아마존의 차세대 서비스

아마존 고
무인 편의점으로 가게에 들어와서 상품을 들고 나가기만 하면 아마존 계정에 영수증이 도착한다. 가게 안에 센서가 있어서 자동으로 계산이 이루어진다.

원하는 물건을 가지고 가기만 하면 돼.

청구는 아마존 계정으로~

아마존 고(무인 편의점)

🚩 **원포인트**

2020년 현재, 미국의 도시(시애틀, 샌프란시스코, 시카고, 뉴욕)에서 26개 매장이 운영되고 있다.

얻을 수 있다.

또한 아마존은 자사가 개발한 음성 인식 인공지능 비서인 '아마존 알렉사' 탑재 기기를 서드 파티(thirf party)의 제조사가 만들 수 있도록 개발 툴을 공개했다. 알렉사 탑재 기기는 2019년 1월 시점에 2만 종을 넘기며 스마트폰에서 자율주행 자동차 '스마트 카'에 이르기까지 '알렉사 경제권'을 형성하고 있다.

2020년 8월에는 드론 배송 서비스 '프라임 에어(Prime Air)'도 미국 연방항공청(FAA)으로부터 정식 허가를 받았고, 아마존은 '항공운송업자'로 지정되었다. 앞으로도 새로운 서비스를 내놓으며 관련 업계나 기업에 '파괴적 혁신'을 꾸준히 가져다줄 것이다.

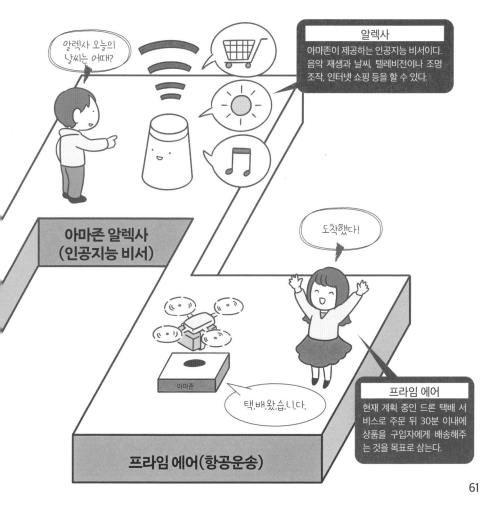

최강 검색 엔진을 개발하다

세르게이 브린

구글

세르게이 브린은 1973년에 러시아 모스크바에서 유대인 가정에서 태어났다. 아버지는 수학자이자 메릴랜드대학교의 교수였고 어머니는 나사(NASA)의 연구원이었다. 브린이 여섯 살 때 가족은 미국으로 이주했다.

그는 어렸을 때부터 컴퓨터에 관심을 가졌고, 1990년에 입학한 메릴랜드대학교에서는 수학과 컴퓨터과학을 전공했다. 1993년에 이학사를 취득했고, 졸업 후에는 장학생으로 스탠퍼드대학교 컴퓨터과학 석사과정에 진학했다.

스탠퍼드대학교에서는 인터넷에 관심을 기울이게 되었다. 검색 엔진과 구조화되어 있지 않은 소스에서 정보를 추출하는 법, 막대한 텍스트 데이터와 과학 데이터의 데이터 마이닝 수법 등을 연구했다. 그리고 훗날 구글을 공동으로 창업하게 되는 래리 페이지와 만났다.

처음에 페이지와는 사이가 좋지 않았지만, '막대한 데이터의 집합에서 관련된 정보를 검색하는 시스템을 만든다.'는 공통 관심사가 있었기 때문에 「대규모 하이퍼텍스트적 웹 검색 엔진에 관한 분석」이라는 제목의 검색 엔진에 관한 논문을 페이지와 공동으로 집필했다. 그리고 스탠퍼드대학교의 박사과정을 휴학하고, 1998년에 구글을 공동 설립했다.

브린은 에너지 문제와 지구 온난화에도 깊은 흥미를 지니고, 구글을 통해 대체 에너지 연구 기관에 많은 기부를 했다. 또한 국제회의나 비즈니스 테크놀로지 회의에도 초빙되어 강연을 하기도 했다. 2008년 6월에는 500만 달러의 계약금을 스페이스 어드벤처에 지급하고 우주여행 예약을 했다고 발표했다. 2019년 12월, 브린은 래리 페이지와 동시에 구글의 지주회사 알파벳의 사장에서 퇴임하기로 발표했다.

전략으로
이어지는 수치에
주목합시다.

GAFA의 강점은 재무 상황으로도 파악할 수 있다. 애플과 페이스북은
이익률이 높고 고수익인데 비해, 아마존은 눈앞의 이익보다는 적극
적인 투자로 성장을 지속시킨다는 사실을 알 수 있다.

Chapter 3

/

결산서로 읽어보는 GAFA의 성공 시스템

01 # ROA 맵으로 보는 GAFA의 재무 상황 비교 분석

GAFA 각 기업의 재무 상황을 비교해보자. 여기에서는 ROA 맵을 사용해 총자산회전율과 영업이익률로 기업의 재무 상황을 살펴본다.

이번 장에서는 GAFA의 재무분석을 하기 위해 'ROA 맵'을 사용한다. ROA 맵이란, 가로축에 총자산회전율, 세로축에 매출액영업이익률을 배치하고 재무분석을 하는 방법이다. ROA는 일반적으로 '총자산이익률'을 가리키며, '당기순이익÷총자산'으로 계산한다. 이것은 그림처럼 총자산회전율(매출액÷총자산)×매출액영업이익률(당기순이익÷매출액)로 분해할 수 있다. 여기서 당기순이익보다 본업에 의한 이익인 '영업이익'을 사용하는 편이 실태

재무 상황을 비교할 수 있는 ROA 맵

를 더 잘 파악할 수 있기 때문에 '영업이익÷총자산'을 ROA로 보는 경우도 있다.

총자산회전율은 '매출액÷총자산'으로 계산하고, '1년간 자산이 어느 정도 효과적으로 매출로 활용되었는지'를 나타낸다. 매출액 영업이익률은 '영업이익÷매출액'으로 계산하고, 생산성이 높은 기업일수록 수치도 높은 경향이 있다.

가로축의 총자산회전율을 보면 구글, 애플, 페이스북의 총자산회전율이 낮다. 이는 자본을 새로운 투자에 쏟고 있기 때문이다. 한편 세로축을 보면 아마존을 제외한 세 기업의 매출액영업이익률의 높이는 경이적이며, 그중에서도 페이스북이 고수익임을 알 수 있다.

■ ROA 맵

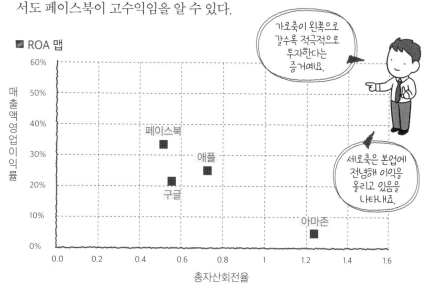

■ GAFA의 재무 지표

	총자산회전율	매출액영업이익률	ROA(총자산이익률)
구글	0.59	21.15%	12.41%
애플	0.77	24.57%	18.89%
페이스북	0.53	33.93%	17.98%
아마존	1.25	5.18%	6.46%

※ 출처: 각 기업의 발표 자료를 토대로 작성(아마존, 구글, 페이스북: 2019년 12월 기준 결산 재무 자료, 애플: 2019년 9월 기준 결산 재무 자료).

02 광고 매출로 얻은 수익을 투자로 돌리는 구글

구글은 수익의 80%를 차지하는 광고가 주요 사업이지만 최근에는 수익 상승률이 둔화하고 있다. 반면에 유튜브와 클라우드 서비스가 성장하고 있다.

ROA 맵으로 보면, 구글은 페이스북과 거의 동등한 총자산회전율을 보이지만, 매출액영업이익률은 페이스북보다 낮다. 이는 구글이 고수익 광고 사업이라는 본업을 토대로 여러 가지 사업에 투자하고 있음을 나타낸다. 구글의 지주회사인 알파벳의 2019년 12월 기준 매출은 전년 대비 18.3% 증가한 1,619억 달러, 영업이익은 24.4% 증가한 342억 달러, 순이익은 11.7% 증가

ROA로 읽는 구글의 시스템

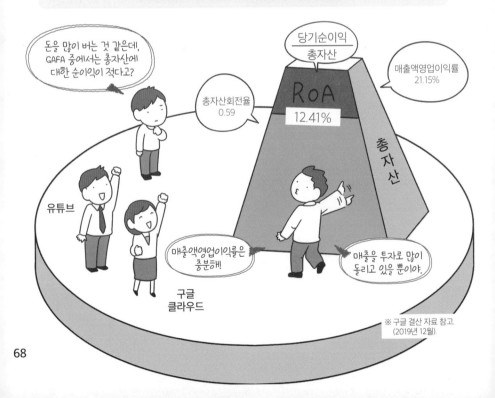

돈을 많이 버는 것 같은데, GAFA 중에서는 총자산에 대한 순이익이 적다고?

당기순이익 / 총자산

매출액영업이익률 21.15%

총자산회전율 0.59

RoA 12.41%

총자산

유튜브

매출액영업이익률은 충분해!

매출을 투자로 많이 돌리고 있을 뿐이야.

구글 클라우드

※ 구글 결산 자료 참고 (2019년 12월).

한 343억 달러이다. 매출의 80% 이상을 차지하는 광고 사업 외에 유튜브 광고(전년 대비 35.8% 증가)와 구글 클라우드(전년 대비 52.8% 증가)의 증가도 눈길을 끈다.

알파벳의 2019년 12월 기준 결산서를 보면, 매출 구성비로서 자사 사이트 광고가 80% 정도를 차지하지만, 광고 매출의 성장률이 최근 정체되고 유튜브와 구글 클라우드의 성장률이 두드러졌다.

2017년에 비해 2019년의 매출이 2배 이상 뛴 클라우드 사업은 구글의 시스템을 이용할 수 있는 '구글 클라우드 플랫폼'과, 구글 웹 서비스인 '워크스페이스'가 주요 서비스이다.

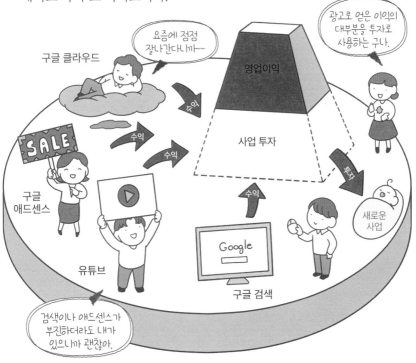

☑ **유튜브와 클라우드 사업의 매출 합계**

240억 달러

2019년 매출액 1,619억 달러 중에서 자사 사이트 광고 사업의 매출 981억 달러에 유튜브는 151억 달러이다. 이어서 구글 클라우드로 89억 달러이다. 합계 240억 달러로 자사 사이트 광고의 뒤를 잇는 커다란 수익원이다.

03 **코로나로 상장 이래 처음으로 수입이 감소한 구글**

GAFA 중에서 코로나 사태로 인해 가장 매출이 떨어진 기업은 구글이다. 구글의 광고주가 어려움을 겪고 있기 때문이다.

2020년 7월, 구글의 지주회사 알파벳은 제2사분기(4~6월) 결산에서 전체 매출액은 전년 같은 기간 대비 2% 감소한 382억 9,700만 달러이며 순이익은 30% 감소한 69억 5,900만 달러라고 발표했다. 미국 온라인 광고 시장에서의 구글의 점유율도 2019년의 31.6%에서 29.4%로 하락했다. 여기에 광고 링크 수와 전환율(웹사이트를 방문한 이용자 중에서 실제 구매율을 나타내는 수치)의 평균치도 크게 떨어졌다.

코로나19 바이러스의 영향을 받은 구글

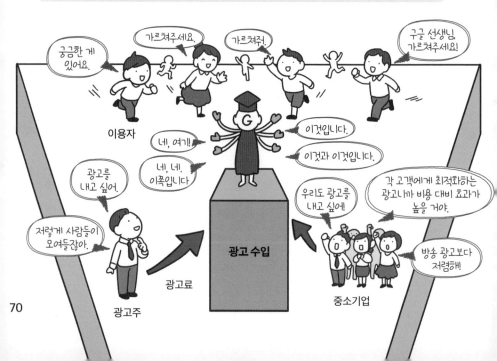

이처럼 매출액이 줄어든 것은 구글이 2004년에 상장한 이래 처음 있는 일이다. 데이터로 보면 사이트 열람자가 광고를 클릭해서 구매로 이어지기까지 좀 더 신중해졌음을 알 수 있다. 그 원인 중 하나가 코로나19 바이러스이다. 구글의 광고주는 중소기업이 많고, 특히 웹 광고의 주요 수입원 중 하나였던 여행 업계가 광고 게시를 주저하고 있다는 것도 수입 감소의 원인이 되었다. 이런 상황에서 매출 감소를 메워준 것이 유튜브와 클라우드 사업이다.

한편 GAFA 중에서도 아마존과 애플은 코로나19 바이러스의 감염 대책으로 인터넷 판매의 이용자 수와 단말기 구입이 늘어나면서 매출액이 급증했다. 그러나 페이스북은 수입이 늘어났지만 광고 수입이 주요 수입원이기 때문에 앞으로 어떻게 변화할지 지켜봐야 할 것이다.

04 GAFA에서 최고 수익을 자랑하던 애플

애플은 주력 상품인 아이폰이 압도적인 매출액 영업이익률을 보였지만 2019년에는 '애플 쇼크'의 타격을 받았다. 앞으로는 어떻게 될지 귀추가 주목된다.

애플은 ROA 맵의 중앙에 위치하며 여러 가지 선택지를 고를 수 있다. 이는 신규 투자보다 단기 실적과 주가를 의식한 경영이 이루어져 왔다는 사실을 의미한다. 애플이 고수익을 올리는 커다란 요인은 아이폰 등 한정된 제품에만 초점을 맞춘 경영이었기 때문이다. 애플의 2019년 9월 기준 매출액은 2,602억 달러, 영업이익은 639억 달러, 순이익은 553억 달러였다. 매출액 영

ROA로 읽는 애플의 시스템

※ 애플 결산 자료 참고 (2019년 9월).

업이익률은 639억 달러÷2,602억 달러=24.6%가 된다.

그런데 애플이 2019년 1월에 '애플 쇼크'에 빠지고 말았다. 중국에서의 아이폰 판매 부진이 주요 원인이며, 2018년 10~12월의 실적이 예상보다 대폭 하락했기 때문에 세계적으로 주가가 폭락했다. 그러나 애플은 아이폰이라는 주력 상품(하드웨어)뿐만 아니라 소프트웨어나 각종 서비스를 포함한 시스템을 탄탄하게 만들어 놓은 상태였으므로 빠르게 안정을 되찾았다.

데이터로 한눈에 보기

◪ 성장하는 서비스 사업의 매출액

서비스 사업의 매출액을 살펴보면 2017년에는 327억 달러에서 2019년에는 463억 달러로 성장했다.

136억 달러

05 컴퓨터와 아이패드로 매출과 수익이 동시에 증가한 애플

애플은 코로나 사태에서도 매출이 크게 올랐다. 재택근무나 온라인 수업으로 인해 통신 수요가 늘어났기 때문이다.

2020년 10월, 애플은 제3사분기(7~9월)의 실적을 발표했다. 매출액은 597억 달러로 전년 같은 기간 대비 11% 증가했으며, 이는 애플의 최고 기록이었다. 수익도 112억 5,000만 달러(전년 같은 기간에는 100억 4,000만 달러)가 되어 예상치를 훨씬 웃돌았다. 애플의 제품 카테고리별 수익 내역은 아이폰이 264억 2,000만 달러(전년 같은 기간 대비 1.7% 증가), 서비스 사업이 131억 6,000만 달러(동 14.9% 증가), 애플 맥이 70억 8,000만 달러(동 21.6% 증가), 아

코로나 사태에도 실적을 올린 애플

이패드가 65억 8,000만 달러(동 31% 증가), 웨어러블과 홈 부문이 64억 5,000만 달러(16.7% 증가)이다. 이는 코로나 확산으로 인한 외출 자제, 재택근무, 온라인 수업 등의 영향으로 아이패드, 애플 맥, 서비스 사업 등 모든 분야가 두 자릿수 성장을 이루었다. 이는 각 부분이 골고루 성장했다는 의미도 되었다. 또한 아이폰의 신상품 아이폰 SE의 등장으로 매출이 올랐다.

CEO 팀 쿡은 "이 실적은 우리 제품이 얼마나 고객의 생활에 중요한 역할을 하고 있는지, 애플이 끊임없이 혁신을 거듭한다는 증거입니다. (중략) 우리가 만드는 물건과 수행하는 일은 기회를 만듭니다. 애플은 우리가 태어난 세상을 더욱 좋은 세상으로 만들어 다음 세대에 넘긴다는 원칙을 실현하고 있습니다."라고 말했다. 이 말은 코로나 사태를 겪으면서도 애플이 제안하는 비전이 효과적이라는 말이었다.

GAFA 06 페이스북 이익률은 34%로 독보적인 1위!

페이스북은 '연결'이라는 사업으로 높은 광고 수익률을 자랑한다. 고수익 시스템 덕분에 시가 총액도 높은 평가를 받고 있다.

GAFA 중에서도 페이스북의 높은 영업이익률은 놀라울 정도이다. 페이스북은 디지털 환경에 초점을 맞춰 사업을 진행하고 고수익을 내는 기반을 구축했다. 타 기업보다는 상대적으로 '연결'이라는 사업에 중점을 두어서 높은 수익률을 유지할 수 있었다. 페이스북의 수익 구조는 매우 간단하다. 2019년 12월 기준 매출액은 707억 달러이고, 그중 광고 사업의 매출은 697억 달러

ROA로 읽는 페이스북의 시스템

매출액 영업이익률이 눈에 띄게 높아!

당기순이익 / 총자산

매출액 영업이익률 33.93%

RoA 17.98%

총자산회전율 0.53

총자산

전 세계 사람들과 이어져.

'연결'에 집중해 노력한 결과입니다!

'연결'과 통하는 인스타그램도 손에 넣었기 때문에 앞날이 더욱 밝죠!

※ 페이스북 결산 자료 참고 (2019년 12월).

이다. 매출액의 98.6%가 광고 수익이었다.

같은 기간 페이스북의 영업이익은 240억 달러이고, 매출액 영업이익률은 33.9%에 달했다. 이는 인터넷 기업으로서도 뛰어나게 높은 수준이다. 2020년 10월 시점에 페이스북의 시가총액은 6,358억 달러이고, 미국 주식시장에서는 6위라는 높은 평가를 받고 있다. 그 이유는 높은 이익률에 있다.

ROA맵을 보면 미국의 테크놀로지 기업 중에서는 가장 높은 수익률을 낸 페이스북이 가장 적극적으로 신규 투자를 하고 있음을 알 수 있다. 페이스북은 인공지능 외에 가상현실과 증강현실에 적극적인 투자를 하고 있는데 이 투자가 결실을 맺으면 가상현실과 증강현실이 사업의 플랫폼이 될 가능성도 엿보인다.

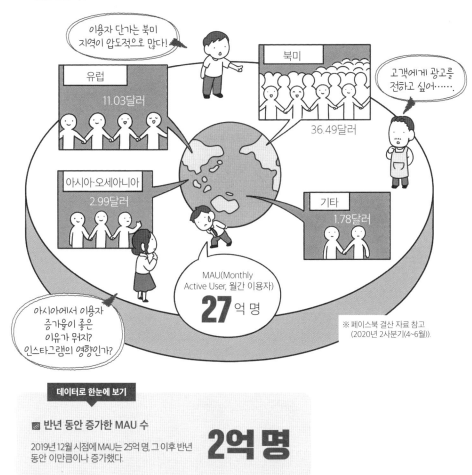

07 집콕 생활 증가로 매출과 수익이 증가한 페이스북

페이스북은 코로나 사태로 인한 외출 자제로 실적이 올랐다. 그러나 광고 보이콧 운동도 일어나 앞으로의 영향이 주목된다.

2020년 7월에 페이스북은 제2사분기(4~6월) 결산에서 매출액이 전년 같은 기간 대비 11% 증가한 186억 8,700만 달러, 순이익이 98% 증가한 51억 7,800만 달러였다고 발표했다. 영업이익률은 전년 같은 기간 대비 5% 증가했고, 제1사분기 대비 32%가 줄었다. 서비스 사업을 확대하고 있는 페이스북의 MAU(월간 이용자 수)는 12% 증가한 27억 100만 명, DAU(Daily Active

코로나19 바이러스가 오히려 기회가 되어 이용자가 늘어나다

User; 일간 이용자 수)도 12% 증가한 17억 8,500만 명으로 늘었다. 이와 더불어 주력 사업인 광고 수입도 10.2%나 증가했다.

마크 저커버그는 '매월 31억 명 이상이 페이스북 패밀리 서비스를 사용해 서로 연결되고, 1억 8,000만 개 이상의 기업이 페이스북의 도구를 사용해 고객과 연결되고, 900만 명 이상의 광고주가 광고를 낸다.'라고 이야기했다. 그러나 미국에서는 'BLM(Black Lives Matter; 흑인의 생명도 소중하다)' 운동이 발단이 되어 '페이스북은 자신의 이익만을 생각해 증오, 편견, 인종차별, 반유대주의, 폭력에 관한 사회적 문제를 제대로 다루지 않는다.'라며 페이스북에 대한 광고 게재를 보이콧하는 'Stop Hate for Profit(이익만을 생각한 증오로 돈 벌기를 중단하라)'이 일어났다. 이 운동에 스타벅스, 유니리버, 허쉬스 등 1,000개 이상의 기업이 동참했다.

08 아마존의 저수익 전략을 앞세운 투자 마인드

아마존은 이익을 올리는 것보다 가능한 한 많은 자금을 사업에 재투자하며 성장을 유지하고 있다. 저수익 전략으로 남들이 따라오지 못하는 유일무이한 포지션을 만들었다.

아마존은 CEO 제프 베이조스가 공언했듯이, 이익을 내지 않고 캐시플로우(Cash flow)를 투자에 투입하는 경영전략과 재무전략이 ROA맵의 위치 관계에 반영되었다. 아마존은 이익을 내려고만 하면 언제든지 낼 수 있는 상태이지만, 지금은 이익률을 낮추고 그만큼 사업에 투자해야 한다고 판단하고 있다. 특히 황금 알을 낳는 거위로 성장한 AWS 사업의 영업이익률은 26%이

ROA로 읽는 아마존의 시스템

※ 아마존 결산 자료 참고
(2019년 12월).

지만, 흑자를 다른 사업 개발로 돌림으로써 초고속 성장을 유지하고 있다.

아마존에서는 '이익을 저가격이라는 형태로 고객에게 돌려준다.'라고 홍보하지만, 그것은 일부에 불과하다. 이미 꽤 많은 자금을 투자로 돌리고 있고, 그 투자 판단은 아직까지 성공적이어서 모든 상품과 서비스를 저렴하게 만들고 있다. 저렴한 가격은 더 많은 고객을 유치하는 커다란 요인이 된다.

저수익이라는 전략은 경쟁을 배제한다는 측면도 갖고 있다. 즉 베이조스는 이익률을 낮춰서 가능한 한 많은 자금을 투자로 돌려 사업을 급성장시키고 남들이 따라오지 못할 유일무이한 포지션을 만든다.

09 전자상거래로 아마존의 순이익은 두 배로 증가

아마존은 코로나19 바이러스에 대한 대책으로 거액의 비용을 계상하면서도 창업 이래 최고의 이익을 거두었다. 같은 업종의 다른 기업에 비해 압도적인 이익을 올린 원인은 무엇일까?

아마존이 발표한 2020년 제2사분기 결산(4~6월)에 따르면, 매출액은 40% 증가한 889억 달러이고, 영업이익은 52억 달러이다. 또한 아마존의 북미 전자상거래 사업은 매출액이 554억 4,000만 달러이고, 영업이익은 21억 4,000만 달러이다. 북미 외의 사업은 매출액이 226억 7,000만 달러이고, 영업이익은 3억 4,500만 달러이다.

AWS의 매출액은 전년도 같은 기간 대비 29% 증가한 108억 1,000만 달

전자상거래 초기 단계부터 꾸준한 성장을 이룬 아마존

러이고, 영업이익은 33억 6,000만 달러이다. 최근에는 전자상거래와 AWS가 매출의 두 기둥이 되었으며 아마존의 비즈니스 모델로 자리매김했다.

아마존은 결산에서 코로나19 바이러스에 관련한 비용으로 40억 달러를 마련했는데, 그럼에도 불구하고 1994년 창업 이래 최고의 영업이익을 기록했다. 한계에 부딪힌 것으로 보였던 성장률은 코로나19 바이러스로 인해 전자상거래를 활성화시켰고 결과적으로 순이익이 크게 늘어났다. AWS를 이용하는 고객이 늘어나면서 앞으로도 클라우드 사업은 크게 성장할 것으로 보인다.

아마존은 창업 시작부터 '소매업은 고객의 경험 가치를 높이는 것이 중요하다. 그러기 위해서는 상품의 가짓수와 낮은 가격이 필요하다.'라는 생각으로 전자상거래를 꾸준히 지속했다. 이후 아마존 마켓플레이스 등에서 서비스를 확장하면서 '없는 게 없는 가게'를 구축했다. 오랜 기간의 실적이 커다란 신뢰로 이어져 이용자의 지지를 한 몸에 받고 있다.

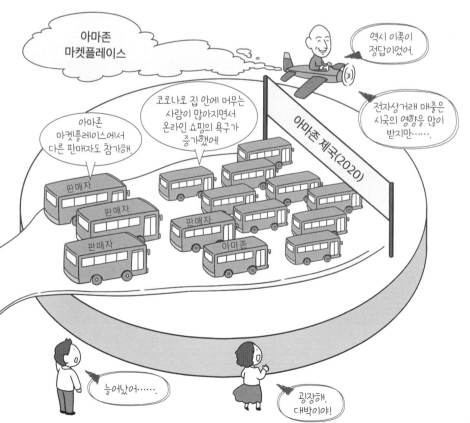

직원에게 사랑받는 CEO

순다르 피차이

구글

　순다르 피차이는 1972년 7월 12일, 인도에서 타밀인 부모에게서 태어났다. 아버지는 부품 조립 공장을 경영했지만, 피차이가 열두 살까지 집에 전화가 없을 정도로 가난했다.

　피차이는 학업 성적이 매우 우수한 학생이었고, 인도공과대학교에서 엔지니어링을 공부한 뒤 장학금을 받고 스탠퍼드대학교에 진학했다. 그러나 재학 중에 반도체 제조사에 취직을 하게 되면서 대학교를 중퇴했다. 그 뒤, MBA를 취득하고 컨설팅 회사인 매킨지에 입사했다.

　피차이는 2004년에 구글에 입사한 뒤 젊은 나이에 구글 크롬, 안드로이드, 크롬 OS 등 주요 사업을 총괄하면서 G메일과 구글 맵의 개발에도 능력을 발휘했다. 2014년 10월에는 제품관리 수석부사장에 임명되었다. 그는 한때 마이크로소프트의 새로운 CEO 후보로 거론되기도 했지만 구글을 떠나는 일은 없었다.

　2019년 10월에 피차이는 "세계 초고속 슈퍼컴퓨터로 1만 년 이상 걸리는 계산 문제를 양자 컴퓨터로 200초 만에 푸는 데 성공했다."라고 발표했다. 또한 그는 "이번 돌파구로 인해 효율적인 배터리 개발, 적은 소비 에너지로 비료를 화학 합성하는 방법의 개발, 새로운 의약품 개발 등 양자 컴퓨터의 실용화에 한걸음 다가갔다."라고 말했다.

2019년 12월, 피차이는 구글의 지주회사 알파벳의 CEO에 임명되면서 현재까지 구글의 CEO를 겸임하고 있다. 그는 사업과 기술을 모두 이해하는 인재로 평가받고 있다. 또한 다툼을 싫어하고 협동을 중요시하며 팀원을 배려하는 자세로 유명하다. 구글이 그를 CEO로 지명한 것도 충분히 납득할 수 있다.

GAFA의 인재를 키우는 방법은?

GAFA는 경영 이념이나 비즈니스 모델뿐만 아니라 조직 매니지먼트도 주목받고 있다. 조직 편성, 목표관리술, 직원 평가 시스템, 채용 기준 등 GAFA가 실천하는 최강의 조직 매니지먼트 기술을 살펴보자.

Chapter 4

혁신을 낳는
GAFA의
조직 매니지먼트

01 혁신을 낳는 구글의 20% 법칙

성공 경험에 사로잡혀 지속적인 혁신에만 몰두하려는 기업이 많다. 그 한계를 극복하는 것이 구글의 '20% 법칙'이다.

혁신에는 '지속적 혁신'과 '파괴적 혁신'이 있다. 지속적 혁신은 고객의 요구에 맞춰 기존 제품이나 기술을 개선하는 것이다. 한편 파괴적 혁신은 기존 제품의 가치를 흔들고 파괴하면서 완전히 새로운 기술이나 가치관을 창조하는 것이다. 대부분의 대기업은 고객, 주주, 투자가의 생각을 반영하기 때문에 지속적인 혁신에 집중하는 경향이 있다. 구글도 피할 수 없는 길이기도 하다.

그러나 '지속적 혁신에 중점을 둔다면 결국 새로운 파괴적인 혁신에 특화

지속적 혁신과 파괴적 혁신

지속적 혁신

파괴적 혁신

한 기업에 자리를 빼앗길지도 모른다.'라는 불안함이 밀려온다. 바로 이 사태를 피하기 위해 구글이 생각한 것이 '20%의 법칙'이다. 바로 '직원은 사내에서 보내는 시간 중에 20%를 자신이 담당하지 않는 업무 분야에 사용해도 된다.'라는 내용이다. 이 법칙에서 주의해야 할 것은 20%가 임의적인 수치라는 점이다. 이는 모든 직원에 대해 80%의 지속적 혁신과 20%의 파괴적 혁신을 자발적으로 일으키라고 요구한다. 기업은 과거의 성공에 사로잡혀 지속적 혁신에 중점을 두기 마련인데, 구글의 20% 법칙은 그것을 딛고 일어서는 방법이다.

파괴적 혁신을 낳는 '20% 법칙'

02 페이스북의 급진적인 해커웨이 사상

페이스북의 기업 문화를 한마디로 표현하면 창조적인 문제 해결과 신속한 의사결정을 중요시 하는 '해커웨이'라고 할 수 있다.

페이스북의 웹사이트에는 자사의 문화를 '해커 문화(hacker culture)'라고 말한다. 이는 창조적인 문제 해결과 신속한 의사결정을 이루는 환경이다. 닛케이비즈니스 온라인에서는 다음과 같이 소개한다.

해커를 '우수한 기술을 악용해 시스템이나 네트워크에 침투하여 나쁜 일을 저지르는 사람'이라고 생각하는 사람이 많을 것이다. 하지만 페이스북에서는 이 단어를 의도적으로 자주 사용하고 있다. 실리콘밸리의 페이스북 소

페이스북의 해커 문화

재지는 '1 해커웨이(Hacker Way)'이다. 직원이 모이는 카페테리아 근처의 광장은 '해커 스퀘어(Hacker Square)'라고 이름 붙였고, 광장에 위치한 건물에는 '더 해커 컴퍼니(The Hacker Company)'라는 간판이 걸려 있다.

저커버그는 2012년에 회사를 상장할 때 미국 증권거래위원회에 제출한 서한에서 페이스북이 '해커웨이'라는 독자적인 문화와 경영 방식을 키워왔다는 점을 들었다. '해킹'이라는 단어에는 원래 무언가를 신속하게 만들고 가능한 범위 안에서 최대한 시도한다는 의미다. 지금까지 자신이 만난 해커는 세계에 긍정적인 충격을 주고 싶어 하는 이상주의자였다는 점을 설명했다. 그리고 '해커웨이란 지속적인 개선과 반복에 가까워지기 위한 방법이다.'라고 이야기했다. '신속히 행동하는 것이 완벽한 것보다 낫다.', '코드는 논쟁을 이긴다.'라는 저커버그의 말은 페이스북의 강점을 상징적으로 보여준다.

03 신속한 의사결정을 낳는 애플의 플랫형 조직

잡스는 애플에서 한 번 쫓겨났었다. 하지만 복귀 후에는 단순하고 수평적인 조직을 만들며 기업 혁신을 일으켰다.

1984년에 애플의 창업자 스티브 잡스가 컴퓨터 '매킨토시'를 출시했을 때 수요 예측이 크게 어긋나 재고가 쌓이게 되었다. 그리고 이듬해인 1985년에 경영 위기에 빠져 잡스는 이사회의 결정을 통해 회사에서 추방되었다. 하지만 잡스가 사라진 애플은 사내 의사소통이 제대로 이루어지지 않았고 직원들의 의욕도 현저히 떨어졌다.

1996년에 부도 직전까지 갔던 애플은 차기 컴퓨터용 OS의 기반 기술을

피라미드형 조직에서 수평적 조직으로

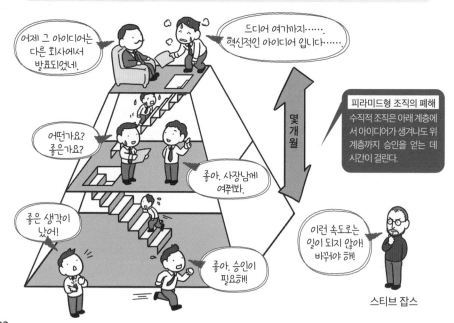

개발하기 위해 잡스가 설립한 NeXT(넥스트)를 인수하고 잡스를 다시 회사로 불러들였다. 복귀한 잡스는 컴퓨터와 OS라는 핵심 사업만을 남기고, 그 외의 사업부와 제품을 정리했다. 그리고 직원 간 계층을 줄여 수평적인 조직을 만들었다. 예를 들어 인원이 많아지면 그룹 내의 의사소통이 원활히 이루어지지 않고, 개발 속도가 떨어질 수 있다. 그래서 애플 맥 개발팀은 아무리 많아도 100명 이상이 되지 않도록 만들었다. 또한 조직 구조를 단순하게 만들어 승인 과정을 줄이고 의사결정에 관여하는 인원도 줄였다. 잡스의 이러한 판단력은 애플의 혁신을 낳는 기반이 되었다. 또한 회사 내의 비밀을 철저하게 지키는 비밀주의도 추진했다. 이런 문화는 지금도 애플에 뿌리 내리고 있다.

플랫형 조직

04 사원증에 찍힌 애플의 열한 가지 성공 법칙

애플의 사원증 뒷면에는 2004년 당시에 부사장이었던 존 브랜던의 열한 가지 성공 법칙이 쓰여 있다.

애플도 2000년대 초반에는 경영이 힘들었다. 그 당시 애플에서 근무하던 사원이 〈비즈니스 인사이더(2017년)〉에 투고한 글이 화제가 되었다. 내용은 사원증의 뒷면에 적혀 있던 '성공을 위한 열한 가지 법칙'에 관한 것이었다. 애플의 부사장이었던 존 브랜던(John Brandon)이 만든 이 법칙은 다음과 같다.

첫째, 낡은 것을 버리고, 미래를 내다보자.

회사 이념을 나타내는 애플의 열한 가지 법칙

94

둘째, 항상 진실을 이야기하라. 나쁜 소식일수록 빨리 말하는 편이 낫다.

셋째, 최고의 성실함을 보여라. 의문이 있다면 물어보라.

넷째, 좋은 세일즈맨이 아니라 좋은 비즈니스맨이 돼라.

다섯째, 바닥은 모두가 함께 닦아라(하찮은 일도 하라).

여섯째, 고객의 스타일과 언행을 항상 살펴보는 데 프로가 돼라.

일곱째, 고객의 말을 경청하라. 그러면 대부분은 이해할 수 있다.

여덟째, 파트너와 윈윈 관계를 만들어라.

아홉째, 서로 배려하라. 정보를 공유하는 것은 좋은 일이다.

열째, 쉽게 생각하라.

열한째, 즐겨라. 그러지 않으면 가치가 없다.

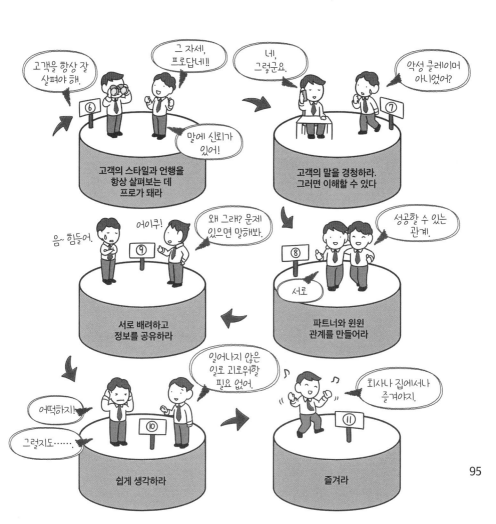

GAFA 05 구글의 행동 지침 '열 가지 사실'

구글이 어떻게 지금의 위치에 오를 수 있었을까? 앞으로 그들의 목표는 무엇일까? 이 모든 것을 상징적으로 보여주는 것이 구글에서 내세우는 '열 가지 사실'이다.

구글이 어떻게 지금의 지위를 만들었고, 앞으로 어떤 비전을 세울지를 알기 위해서는 구글이 내세우는 '열 가지 사실'을 알아야 한다.

첫째, 이용자에게 집중하면 나머지는 모두 따라온다.

둘째, 한 가지를 붙잡고 끝까지 해내는 것이 좋다.

셋째, 늦는 것보다 빠른 것이 낫다.

어떤 존재가 될 것인지에 대한 행동 지침

넷째, 웹상의 민주주의는 기능한다.

다섯째, 컴퓨터 앞에 앉아 있을 때만 정보를 찾고 싶어지는 것은 아니다.

여섯째, 나쁜 짓을 하지 않아도 돈을 벌 수 있다.

일곱째, 세상은 아직 정보로 넘쳐난다.

여덟째, 정보를 얻고 싶은 욕구는 모든 국경을 초월한다.

아홉째, 정장을 입지 않아도 성실히 일할 수 있다.

열째, 훌륭하다는 말로는 부족하다.

구글은 '이 사항이 사실임을 믿고, 항상 이대로 되도록 노력하라.'라고 말한다. '열 가지 사실'은 구글에서 일하는 사람의 행동 지침이다.

GAFA 06 제프 베이쪼스의 피짜 두 판의 회의술

'모든 팀은 피자 두 판을 먹는 데 알맞은 인원으로 이루어져야 한다.'라는 것이 피자 두 판의 법칙이다. 이는 아마존이 발전하게 된 비결이다.

아마존에는 CEO 제프 베이조스가 정한 '피자 두 판의 법칙'이 있다. 이것은 '사내의 모든 팀은 피자 두 판을 나눠 먹을 수 있을 만큼의 인원으로 제한해야 한다.'라는 규칙이다. 물론 대기업의 경우에는 팀원을 너무 적게 구성하면 생산성이 떨어지는 경우도 있으므로 '피자 두 판의 법칙'을 모든 조직에 일률적으로 적용할 수는 없다.

제프 베이조스의 피자 두 판의 법칙

피자 두 판의 법칙
팀은 피자를 나눠 먹을 수 있을 만큼의 인원(6~10명)으로 구성한다.

'피자 두 판의 법칙'에서 배울 수 있는 것은 '팀은 피자 두 판을 나눠 먹을 수 있을 정도의 규모여야 자율적으로 행동하고 리더십을 발휘할 수 있다.'라는 것이다.

대기업에서는 많은 사람이 계획, 회의, 토의 등에 관여하기 때문에 전체적인 의사소통을 하나로 모으는 데 오랜 시간이 걸리는 경우가 많다. 한편 개인의 능력과 결정권을 지니고 의견을 교환할 수 있는 소규모 팀의 경우에는 팀원이 늘 최신 정보를 얻을 수 있고 의견을 모으는 시간도 최소한으로 줄일 수 있다. 이는 보다 효율적이고 속도감 있게 움직일 수 있기 때문에 의욕이 높아지고 서로 돕는 상황도 일어나기 때문에 생산성이 높아진다.

GAFA 07 최고의 관리자가 되기 위한 구글의 여덟 가지 습관

구글이 지향하는 최고의 관리자란?
구글은 '프로젝트 옥시젠'에서 여덟 가지 습관을 제시한다.

구글은 인재 육성에 관한 조사를 마치고 '프로젝트 옥시젠(Project Oxygen)'을 발표했다. '최고의 관리자가 되기 위한 여덟 가지 습관'을 제시한 것으로 그 내용은 다음과 같다.

첫째, 좋은 코치가 돼라.

둘째, 부하에게 권한을 넘겨라. 사소한 일까지 참견하지 마라.

셋째, 부하의 성공과 행복에 관심을 가져라.

넷째, 혼자 속으로 앓지 마라. 생산적인 결과를 지향하라.

프로젝트 옥시젠으로 최고의 관리자가 된다

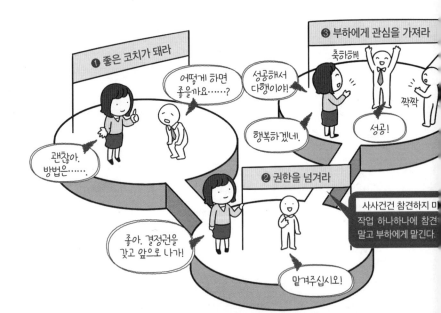

다섯째, 좋은 의사소통자가 되려면 팀의 목소리를 들을 준비를 하라.

여섯째, 부하의 경력 쌓기를 지원하라.

일곱째, 명확한 팀의 비전과 전략을 가져라.

여덟째, 팀에 충고할 수 있는 스킬을 높여라.

주목해야 할 것은 여덟 가지 습관의 순서가 중요도라는 사실이다. '프로젝트 옥시젠은'은 직원이 회사를 그만둘 때 퇴사 이유로 말하는 것을 조합하여 만든 것이다. 구글에서 좋은 매니지먼트는 좋은 코치가 되고, 부하에게 권한을 맡기고, 부하의 성공과 행복에 관심을 갖는 존재이다.

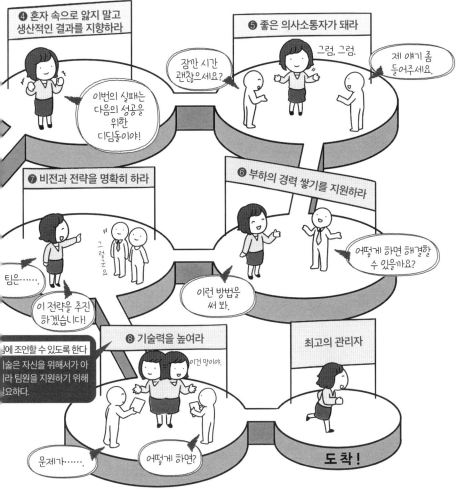

08 천재 창업자를 배출하는 구글의 목표 설정 관리법

구글의 비전과 목표를 실현하는 데 필요한 'OKR'에 대해 알아보자. 이 목표 설정 관리법은 구글이 천재적 경영자를 꾸준히 배출하려는 노력이 담겨 있다.

구글이 끊임없이 혁신을 시도하는 것은 대담한 비전과 야심적인 목표가 있기 때문이다. 이 목표를 이루기 위해 'OKR'를 작동시킨다. OKR은 '목표 (Objectives)', '주요 결과(Key Results)'의 머리글자를 딴 용어이며, 구글의 이사 였던 존 도어(John Doerr)가 도입함으로써 알려진 경영관리 방법이다.

그는 '회사 내의 모든 조직이 동일한 위치에서 중요한 과제를 수행하기 위 한 경영 관리 방법'이라고 말했다. 구글은 OKR을 설정하고 사원과 공유하

OKR로 천재적 창업자의 생각을 배운다

고, 팀끼리도 설정하도록 했다.

좀 더 구체적으로 살펴보면 목표를 정할 때 실현 가능한 것부터 설정하지만 그 수준을 높게 설정한다. 사전에 쉽게 달성할 수 있다고 인식하는 목표는 도전이나 성장의 기회가 생기지 않기 때문이다. 성장 지표는 0~1.0의 범위로 수치화해서 측정(1.0은 목표를 완전히 달성했다(100%)는 것을 의미함)하는 형태이며, 실제 OKR에서는 0.6~0.7의 달성률이 이상적이다. 1.0을 쉽게 달성하는 것은 더 야심인 목표가 필요하다는 신호이므로 바람직하지 않다.

OKR은 조직의 구성원에게 모두 공개한다. 누구나 작업 상황을 확인할 수 있을 뿐만 아니라, 평가가 낮을 경우에 개선을 위한 데이터로서 열람할 수도 있다. OKR의 본질은 단순한 경영관리 방법이 아니라 스티브 잡스와 제프 베이조스와 같은 천재적인 창업 경영자를 꾸준히 배출하려는 노력이다.

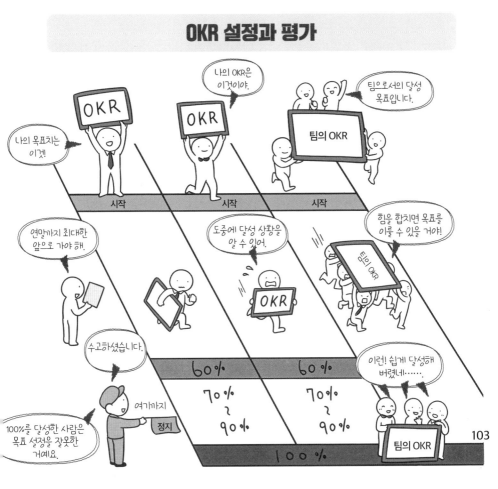

09 구글이 실천하고 있는 마인드풀니스

구글은 마인드풀니스를 사원 연수에 도입한 것으로 알려졌다. 그 중심이 되는 것은 명료한 자기 인식을 만들 수 있는 EQ 육성 프로그램이다.

구글의 사원 열 명 중 한 명이 실천한다고 알려져 있는 '마인드풀니스(mind-fulness)'를 살펴보자. 마인드풀니스는 선(禪)의 명상만을 가리키는 것이 아니라, 스트레스에 의한 질환 대처법으로써 의료 현장에 도입된 것이기도 하다.

구글은 사원 연수에 EQ(Emotional Quotient; 감성 지수) 육성 프로그램으로써 이 마인드풀니스를 도입하고, 프로그램을 'SIY(Search Inside Yourself; 너의 내면을 검색하라)'라고 이름 붙였다. 전 구글의 엔지니어이자 SIY의 개발자인 차드 멩 탄(Chade-Meng Tan)은 저서에서 SIY의 세 가지 단계를 다음과 같이 소개한다.

마인드풀니스를 연수에 채용한 구글

첫째, 주의력 트레이닝으로 주의력은 고도의 인지적 능력과 감정에 따른 신체적 변화에 따른 기초이다. EQ를 높이기 위한 커리큘럼은 주의력 트레이닝으로 시작해야 한다. 그 목표는 주의력을 단련함과 동시에 평온하고 명료한 마음을 갖는 데 있다.

둘째, 자기인식과 자제로 단련한 주의력을 활용해 자신의 인지적 과정과 감정에 따른 신체 변화를 지각할 수 있도록 노력한다. 그러면 자신의 사고 흐름이나 정서의 과정을 명료하게 관찰할 수 있게 되며 최종적으로 깊은 수준의 자기인식을 낳을 수 있다.

셋째, 긍정적인 마음의 습관으로 남과 만났을 때 반드시 그 사람의 행복을 바라는 마음을 갖는다. 이런 선의의 습관은 건설적인 협력 관계로 이어진다.

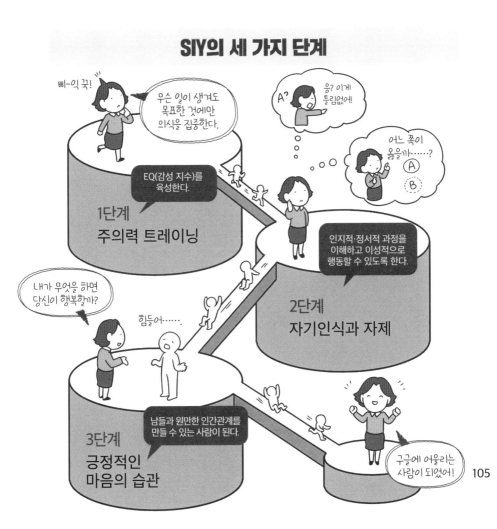

SIY의 세 가지 단계

105

10 아마존의 약진을 뒷받침하는 리더십 14개조

아마존의 '리더십 14개조'는 직원 개개인이 리더로서의 의식을 가져야 한다라는 각오로 작성된 기업의 신조이다.

아마존은 직원에게 '리더십 14개조'를 발표했다. 이 리더십의 특징은 셀프 리더십을 매우 강조한다는 점이다. 팀을 운영하는 일부 관리자만이 리더십을 발휘하는 것이 아니라, 모든 일상생활에서 사원 개개인이 '리더십 14개조'에 따라 행동하고, 자신을 독려하는 리더가 되어야 한다는 사고방식이다. 14개조 중에서 몇 가지를 소개한다.

직원에게 요구되는 리더십이란?

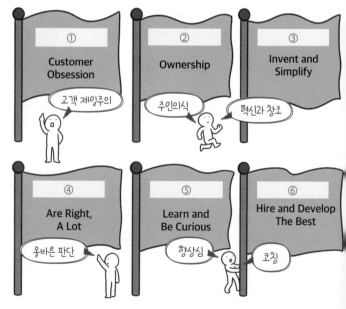

① 고객 중심으로 리더는 고객을 중심으로 생각하고 행동해야 한다. 고객으로부터 신뢰를 얻고 고객을 유지하기 위해 온 힘을 다해야 한다. 아마존의 미션과 비전인 '고객 제일주의'와 상통하며 가장 중요한 항목이다.

② 주인의식으로 리더는 자신의 팀뿐만 아니라 회사 전체를 생각해야 한다. '리더는 "그건 내 일이 아닙니다."라는 말을 해서는 안 된다.'라고 쓰여 있다. 이 일은 내가 할 일이라는 주인의식을 가져야 한다는 원칙이다.

③ 창조하고 단순화하라로 리더는 팀에 혁신과 창조를 요구해야 한다. 핵심 가치인 혁신을 중요시 여긴다.

리더십 14개조

새로운 가치를 창출한 인물

스티브 잡스

애플

스티브 잡스는 1955년 2월 24일에 샌프란시스코에서 시리아인 아버지와 미국인 어머니 사이에서 태어났다. 태어나자마자 입양된 잡스는 양부모 밑에서 자랐다.

1971년, 열여섯 살이 된 잡스는 친구의 소개로 당시 스물 한 살이었던 스티브 워즈니악(Steve Wozniak)을 만나 긍정적인 영향을 받았다. 1976년 잡스는 워즈니악이 만든 마이크로 컴퓨터 '애플 I'를 판매하기 위해 창업하기로 결심했다. 같은 해 4월에 '애플 컴퓨터 컴퍼니'를 창업했다.

애플이 1977년에 발매한 '애플 II'는 상업적으로 큰 성공을 거두었고, '개인용 컴퓨터(personal computer)'라는 개념을 세상에 알리기 시작했다. 이후 애플은 급성장했고, 잡스는 1980년 12월에 애플의 신규 공개 주식으로 2억 5,600만 달러의 개인 자산을 손에 넣으며 대성공을 거둔 창업가로 주목받았다.

그 후 컴퓨터 '매킨토시(Macintosh)'의 개발을 주도했지만, 1984년에 발표된 맥(Mac)은 발매 수개월 만에 저조한 판매 실적을 기록했고 잡스는 회사에서 입지가 악화되었다. 그는 1985년 5월에 모든 업무에서 해임되었고, 9월에 애플에서 나와야만 했다. 퇴직 후 넥스트(NeXT) 컴퓨터를 설립하고 OS '넥스트스텝(NEXTSTEP)'의 개발에 나섰다.

1996년에 잡스는 실적 부진에 빠진 애플에 넥스트를 매각하는 동시에 애플에 복귀했다. 1997년에는 임시 CEO가 되었고, 같은 해에는 라이벌인 마이크로소프트사와의 제휴를 발표하며 동시에 구조조정을 실행해 회사의 실적을 크게 향상시켰다.

그 후 2000년에 정식으로 CEO에 취임하고 아이팟, 아이폰, 아이패드 등 애플의 업무를 디지털 가전과 미디어 사업으로 확대시켰다. 2011년 10월 5일에 췌장암으로 세상을 떠났다.

GAFA는 앞으로 어떻게 문제를 해결해 나가야 할까?

오늘날 국가를 초월할 만큼의 힘을 지닌 GAFA를 앞에 두고 각국 정부는 시장 독점, 디지털 과세, 개인 정보 문제 등에 관한 규제를 강화하고 있다. 유럽과 일본뿐만 아니라 지금까지 신중한 자세였던 미국도 규제에 참여하는 등 서서히 압박을 가하는 눈치다.

Chapter 5

4대 플랫폼
기업의 허점

01 GAFA의 독점화에 대한 각국 정부의 규제

GAFA의 디지털 시장 독과점에 의해 기술 혁신이 억제되고 소비자의 선택지가 좁아졌다. 거대화한 GAFA는 현재 세계 각국에서 역풍을 맞고 있다.

각 산업에서 독점력을 지니게 된 GAFA는 강한 역풍을 맞게 되었다. 데이터 독점으로 의해 건전한 경쟁을 저해하는 문제, 개인 정보 유출 문제, 보안 문제 등에 대해 각국이 대책을 마련하는 데 나서고 있기 때문이다. 2020년 7월 반트러스트법을 바탕으로 대형 IT 기업을 조사한 미국 하원의 사법위원회는 GAFA, 네 기업의 핵심 인사를 불러 공청회를 열었다. 코로나19 바이러스 감염이 확대되고 사회의 디지털화가 진행되는 중에 이 기업들의 과점으로

미국 하원에서 열린 GAFA 공청회

인해 경쟁이 방해되고 있지 않은지 심문 조사를 하기 위해서였다.

공청회에는 구글의 피차이, 애플의 쿡, 페이스북의 저커버그, 아마존의 베이조스가 온라인으로 나왔다. 각 기업은 '세계적으로 치열한 경쟁이 벌어지고 있다.'면서 반트러스트법 위반 의혹과 지적에 대해 반론을 제기했다. 이 결과를 법무부에서 검토하고 같은 해 10월 구글을 '인터넷 검색과 광고 시장에서 경쟁을 저해하는 배타적인 행위를 통해 위법하게 독점을 유지하려고 했다.'며 반트러스트법 위반으로 연방 지방법원에 제소했다. 그 외에도 GAFA가 거대한 사업 규모에 비해 납세액이 적다는 비판도 일어났다. 이에 2020년부터 영국에서는 '디지털 과세'가 시작되었고, 이러한 움직임은 유럽을 중심으로 확산될 것으로 보인다.

🗱02 일반 개인 정보 보호법을 통한 EU의 GAFA 포위망

2018년에 시행된 EU의 GDPR은 GAFA에 대한 대항책 중 하나이다. 미국에서도 규제 없는 데이터 이용에 제동을 걸기 시작했다.

2018년 5월, EU에서 개인 정보 보호 강화를 목적으로 한 '일반 개인 정보 보호법(GDPR; General Data Protection Regulation)'이 시행되었다. GDPR은 사업자가 개인 정보 취급 목적 등을 사용자에게 알리는 것을 의무화하는 법이다. 한편 소비자에 대해 개인 정보 접근권, 개인 정보 취급을 제한하는 권리, 개인 정보 이동권(data portability; 정보의 이동이나 이전을 개인이 자유롭게 할 수 있는 권

EU의 일반 개인 정보 보호법

리) 등을 보장한다. 또한 GDPR의 특징 중 하나는 사전에 개인 정보를 소유자의 동의 없이 이용할 수 없다는 옵트인(opt-in) 원칙이 있다는 것이다.

GDPR에서 개인은 기업에 대해 개인 정보 삭제를 요청할 수 있다. 이 법을 위반한 사업자는 1,000만 유로와 전 세계 매출액의 2% 가운데 많은 금액의 벌금 혹은 2,000만 유로와 전 세계 매출액의 4% 가운데 많은 금액의 벌금을 내야 한다. GDPR이 시행된 배경 중 하나가 GAFA의 확대이다. 미국 기업인 GAFA가 전 세계 사용자의 정보를 좌지우지하는 가운데 EU가 규제를 가한 것이다.

한편 미국에서는 자국 테크놀로지 기업의 경쟁력 유지를 위해 규제에 신중한 편이지만 일정한 정보 규제는 피할 수 없는 상황이다. '데이터는 누구의 것인가?'라는 윤리적인 문제와 더불어, 마음껏 정보를 이용하려는 움직임에 제재를 걸고 있는 것은 확실하다.

GDPR의 내용

개인 정보 보호가 목적입니다.
처음부터 목적이 뭐지?
GDPR 설명회장
목적
위치 정보
이름
개인 식별 번호
IP 주소
취급항목
검색 이력
쿠키
열람 이력
이렇게 많은 정보가 사용돼?
갑자기 사용하지 못하게 되면 큰일인데?
얼른 대책을 강구해야 해.
광고 회사
사용할 수 없다면 큰일이야.
옵트인이 아니라면 추가할 수 없습니다.
서드 파티 이용 절차
옵트인이 뭐야?
옵트인은 사전에 개인 데이터 소유자에게 사용 허가를 받는 거야.
웹 회사
그거 정말 힘드네.

일반 개인 정보 보호법

03 디지털 광고 시장의 변화를 불러온 쿠키 규제

웹 사이트와 단말기 사이에서 보존되는 정보인 '쿠키'가 EU의 GDPR로 법령상의 개인 정보로 취급되면서 디지털 광고에 커다란 영향을 끼칠 것으로 보인다.

쿠키는 인터넷 사이트와 정보를 공유함으로써 로그인 정보를 일일이 입력하는 수고를 줄일 수 있다. 그러나 한편으로 개인 정보의 수집으로 이어질 위험성도 있다. GAFA도 쿠키를 활용하는 광고로 커다란 수익을 올리고 있다. 쿠키의 미래를 다음의 다섯 가지로 정리해보자.

첫째, 쿠키는 EU의 GDPR과 미국 캘리포니아주의 CCPA(캘리포니아주 소

개인 정보로 정의된 쿠키

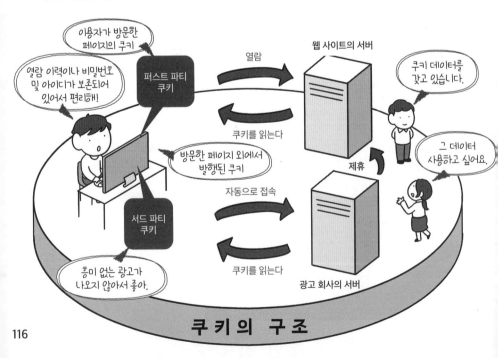

비자 개인 정보 보호법)에서 법령상 개인 정보로 취급된다. 만약 기업이 개인 정보를 다른 회사에 제공하거나 이용·취급할 때 법령을 위반하면 엄중한 벌칙이 내려질 가능성이 있다. 둘째, 법령으로 기술 제휴를 하고 있는 기업 외의 이용이 제한되기 때문에 표적 고객 타깃팅의 정밀도가 낮아진다. 셋째, 이용자의 브라우저에서 트래킹이 인증되는 쿠키를 무효화하는 트래킹 방지로 인해 디지털 광고 생태계에서 서드파티(Third Party) 쿠키가 배제된다. 넷째, 이용자가 실제로 방문하는 도메인에서 발행되는 퍼스트파티 쿠키와 이용자의 동의를 얻어서 모은 제로파티 데이터가 중시된다. 다섯째, 디지털 광고에서 기존과 다른 수단이 사용될 것이다.

법률상의 해석과 적용 등의 불확실한 요소가 남아 있지만, 위의 다섯 가지 사항을 통해 개인 정보 보호와 디지털 시장의 움직임을 살펴볼 필요가 있다.

04 페이스북의 개인 정보 유출 문제

미국에서 페이스북은 단순한 SNS가 아니라 영향력 강한 미디어로 인식되고 있다. 대통령 선거에까지 영향력을 끼치고 있어서 문제가 될 정도이다.

페이스북은 미국에서 단순한 SNS가 아니라, 미디어로서 매우 커다란 힘을 갖고 있다. 2016년의 미국 대통령 선거에서는 러시아가 관여했다는 가짜 뉴스와 의견 광고가 페이스북에 올라오면서 선거에 큰 영향을 끼쳤다. '소비자가 소셜 미디어의 마케팅에 영향을 받는 것처럼, 유권자가 소셜 미디어를 통해 주변 소문을 듣고 선거 행동을 하는 현상'을 이용한 것으로 비판받았다.

2018년 3월, 영국 케임브리지대학교의 연구자는 페이스북에 올라온 성격

페이스북의 다섯 가지 문제점

진단 테스트를 받았다. 그런데 이 개인 정보를 선거 컨설턴트 회사가 불법으로 취득한 사건이 발생했다. 곧 페이스북은 이러한 정보를 통해 이용자의 심리를 조작한 게 아니냐는 의혹에 휩싸이게 되었다. 이 의혹으로 저커버그는 공청회에 나와 다섯 시간 동안 의원들의 심문을 받았다.

또한 같은 해 9월에는 페이스북 이용자 3,000만 명 분의 개인 정보가 유출되었다. 12월에는 개인의 스마트폰 속 사진이 외부 앱 개발 회사에 유출될 수도 있는 상황임을 밝혀졌다. 페이스북은 막대한 개인 정보를 바탕으로 고도의 마케팅을 하고 있으며 광고 비즈니스로 막대한 수익을 올리고 있다. 점점 페이스북의 개인 정보 과점에 대한 우려가 높아지고 있다.

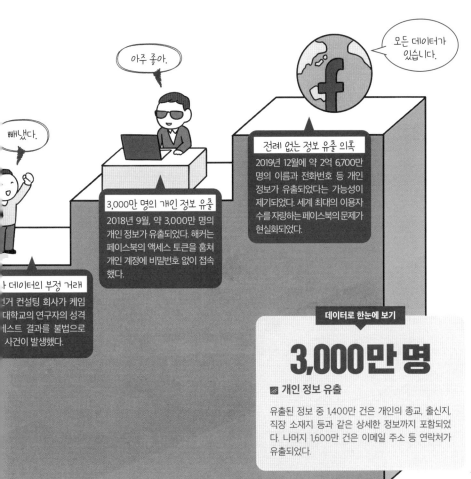

아주 좋아.

모든 데이터가 있습니다.

빼냈다.

전례 없는 정보 유출 의혹
2019년 12월에 약 2억 6,700만 명의 이름과 전화번호 등 개인 정보가 유출되었다는 가능성이 제기되었다. 세계 최대의 이용자 수를 자랑하는 페이스북의 문제가 현실화되었다.

3,000만 명의 개인 정보 유출
2018년 9월, 약 3,000만 명의 개인 정보가 유출되었다. 해커는 페이스북의 액세스 토큰을 훔쳐 개인 계정에 비밀번호 없이 접속했다.

ㅏ 데이터의 부정 거래
1거 컨설팅 회사가 케임
대학교의 연구자의 성격
테스트 결과를 불법으로
사건이 발생했다.

데이터로 한눈에 보기

3,000만 명

▨ 개인 정보 유출

유출된 정보 중 1,400만 건은 개인의 종교, 출신지, 직장 소재지 등과 같은 상세한 정보까지 포함되었다. 나머지 1,600만 건은 이메일 주소 등 연락처가 유출되었다.

05 GAFA의 개인 정보 보호 전략

미국은 사생활을 중시하는 문화로 개인 정보를 유출한 페이스북과 애플에 개인 정보 보호법을 강화할 것으로 보인다.

2018년 4월, 페이스북은 최대 8,700만 명에 이르는 개인 정보 유출 사건을 일으켜 영국과 미국의 규제를 받으며 당국으로부터 제재금을 부과받았다. 이 사건을 계기로 더욱 사생활과 개인 정보 보호법을 강화하기 시작했다.

2020년 8월, 페이스북의 뉴스룸에 '페이스북은 데이터 이동권에 관한 공식 답변을 연방거래위원회(FTC)에 제출'이라는 제목의 기사가 올라왔다. '이용자 개인 정보는 개인이 원하는 앱이나 서비스와 공유되어야 한다.'라고 쓰

여 있다. 이는 데이터 이동권에 찬성하는 것이다.

'데이터 이동권'이란 이용자가 개인 데이터를 플랫폼이나 사업자 간에 이동시킬 수 있는 권리이다. 예를 들어, 애플의 아이 클라우드에 저장된 개인 데이터를 구글 클라우드에 있는 동일인의 계정으로 이동할 수 있는 것이다. EU의 GDPR이나 CCPA에서는 이미 데이터 이동권을 규정하고 있다. 또한 미국에서는 연방거래위원회에 의해 연방 차원의 법제화를 검토 중이다.

한편 애플의 제인 호바스(Jane Horvath) 개인 정보 보호책임자는 개인의 정보 보호 방침에 관해 '소비자를 운전석에 앉히는 것'이라고 말했다. 이는 '이용자가 개인 데이터를 스스로 관리하고, 개인 데이터를 어떻게 취급하게 할 것인지 스스로 선택하는 것'이라는 의미이다.

121

06 미국과 중국의 양보 없는 패권 전쟁

미국과 중국은 단순한 무역 분쟁이 아니라, 국가 간의 전면 대결을 벌이고 있을 만큼 무역 마찰을 겪고 있다. PEST 분석으로 정치, 경제, 사회, 기술을 분석하면 의외의 사실이 보인다.

글로벌 경제에서는 국경보다 공급망(supply chain)이라는 영역이 더 중요해졌다. 정치(Politics), 경제(Economy), 사회(Society), 기술(Technology) 등 네 분야를 동시에 전략 분석하는 것이 좋다. 이것을 PEST 분석이라고 한다. PEST 분석의 환경을 활용해 오늘날 미국과 중국의 분쟁을 분석하면, '군사와 안전보장을 포함하는 국력 분쟁(정치)', '미국식 자본주의와 중국식 자본주의의 분쟁(경제)', '자유와 통제를 둘러싼 가치관 분쟁(사회)', '기술 패권 분쟁(기술)'이 주된 현황임을 알 수 있다.

글로벌 경제의 PEST 분석

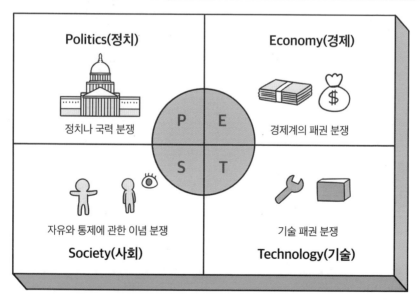

경제적 요인으로는 알리바바나 텐센트 등의 거대 중국 기업이 중국 정부의 강력한 지원으로 발전했다는 점을 들 수 있다. 시장에서 패권을 잡으려고 하는 경우, 중국식 국가 통제형 자본주의가 더욱 효율적이다. 기술적 요인으로는 지금까지 중국이 후발적 이익을 누려왔지만 이제는 많은 분야에서 기술적으로 앞서가고 있다. 인공지능 개발을 둘러싼 기술 패권을 잡는 데 중요한 것은 최대한 많은 빅데이터를 모아서 분석하는 것인데, 이때 강점을 발휘할 수 있는 쪽은 통제형 국가인 중국이다.

미국과 중국의 무역 마찰은 단순한 무역 전쟁이 아니라, 국가 간 전면 대결의 양상을 보이고 있다. 앞으로 미국과 중국의 안전보장과 기술 패권을 둘러싼 분쟁이 장기화될 것으로 보인다.

미국과 중국의 대립으로 보는 PEST 분석

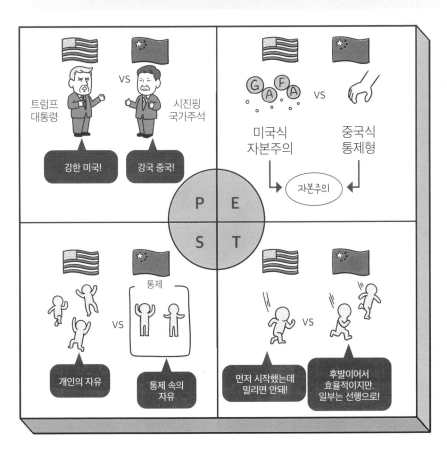

07 GAFA를 맹추격하는 중국의 인공지능 개발

중국의 메가테크 기업은 세계 디지털 시장에서 GAFA와 어깨를 나란히 하는 존재로 급성장하고 있다. 자율주행을 비롯해 다양한 분야에서 미국과 중국은 치열한 인공지능 개발 경쟁을 벌이고 있다.

중국이 GAFA를 따라잡고 추월하려는 개발 분야는 인공지능 개발 분야이다. 중국은 '차세대 인공지능의 개방·혁신 플랫폼'이라는 국가 프로젝트를 추진하고, '2020년에는 인공지능 분야에서 중국이 세계의 최첨단 국가가 된다.'라고 선언했다. 그중 자율주행 사업을 중국 정부로부터 위탁받은 곳이 중국의 대형 IT 기업인 '바이두(Baidu)'이다. 2017년 바이두는 자율주행 플랫폼 '아폴로 계획'을 시작으로 폭스바겐, 다임러, 포드, 혼다, 토요타 등 유력 자동

중국의 인공지능 프로젝트

차 제조사를 이 계획에 참여시켰다.

바이두는 2014년에 백엔드(back-end)로 움직이는 인공지능 '바이두 대뇌(Baidu Brain)'를 발표했다. 또한 '아마존 알렉사' 같은 음성 인공지능 비서인 '듀어 OS'도 2017년에 발표했다. 이러한 인공지능 기술을 배경으로 '아폴로 계획'에 따라 중국 국내의 20곳에서 자율주행 버스를 운영 중이다.

자율주행은 사회 적용이 빠를수록 그 누구보다 앞서서 빅데이터를 수집할 수 있다. 후발 주자인 바이두는 중국 정부의 지원에 힘입어 구글 등의 미국 기업보다 더 좋은 개발 환경에서 자율주행 연구를 진행하고 있다. 구글이 계열사 '웨이모'에서 자율주행 택시의 상업화를 시작했지만 실제 사회 적용은 늦었다. 반면에 바이두는 빠른 속도로 자율주행 기술을 사회에 적용시키고 있다.

자율주행의 운용 비교

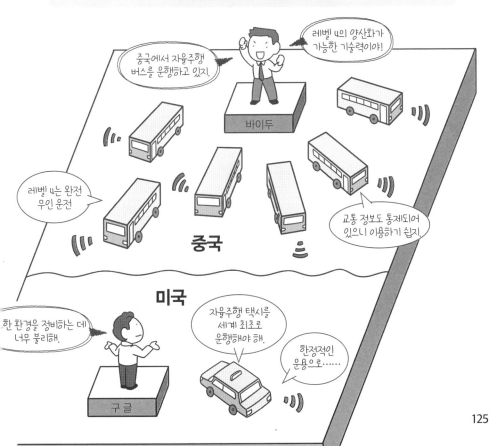

125

08 게임 개발짜와 애플의 수수료 전쟁

애플은 애플리케이션 판매 플랫폼을 제공함으로 판매 금액의 30%를 수수료로 챙긴다. 그런데 최근 게임 개발자가 수익 배분에 불복하면서 주목을 끌었다.

아이폰 이용자는 애플리케이션을 구입할 때 애플이 운영하는 '앱 스토어'에서 앱을 다운받는다. 이때 애플은 앱을 판매하기 위한 플랫폼을 제공하는 대가로 앱 개발자로부터 대금의 30%를 수익 배분받는다. 애플은 이 시스템을 'iOS 앱 경제'라고 부르는데, 인기가 많은 온라인 게임 '포트나이트'를 개발한 에픽게임즈(Epic Games)가 이 시스템에 반기를 들었다.

애플 생태계의 구조

에픽게임즈는 이 수수료에 불복해, 포트나이트 게임 내 통화 구입 가격을 '앱 스토어'에서 구입하는 경우와 직접 구입하는 경우 사이에 20%의 차이를 설정해 실질적으로 할인해주었다. 애플은 이 행위를 '앱 내 구입 가이드라인 위반'이라며 포트나이트를 앱 스토어에서 삭제했다. 그리고 애플의 소프트웨어 개발 툴에 대한 접근을 실질적으로 불가능하도록 대응했다. 에픽게임즈는 이에 반발해 애플을 제소했다. 캘리포니아주 연방 지방 법원은 에픽게임즈는 애플의 '소프트웨어 개발 툴에 대한 접근을 할 수 있다.'는 가처분을 내렸지만, 포트나이트는 아직도 삭제된 채로 남아 있다.

애플 대 포트나이트의 전말

127

09 블록체인이 GAFA의 지배를 바꿀 것인가?

블록체인은 거대 IT 기업이 데이터를 독점하는 중앙집권형에서 개인이 힘을 지니는 분산플랫형으로 전환할 수 있도록 했다.

GAFA와 같은 테크놀로지 기업은 대량의 데이터를 처리·분석해서 이용자에게 무료 서비스 등을 제공한다. 하지만 개인 정보 유출 등의 위험으로부터 자유로울 수 없는 현실이다. 지금까지의 시스템을 '중앙집권형'이라고 한다면, 앞으로는 '분산플랫형'으로 전환하여 GAFA 같은 거대 플레이어의 존재감이 약화되고 개인의 힘이 강해지는 사회가 될 것이다. 바로 이것을 가능

데이터가 중앙집권형에서 분산플랫형으로

페이스북 사건처럼 데이터가 모이는 것만으로도 정보 유출의 위험성이 있어.

분산되어 있어서 조작하기 어렵고, 시스템이 안정적이며 유지비가 저렴한 것이 장점이야.

GAFA 등의 거대 플랫폼 기업

블록체인

하게 하는 기술이 '블록체인(Block Chain)'이다. 블록체인은 '분산형 장부'라고
도 불리며, 원래는 가상화폐 비트코인의 기반 기술로 운용을 시작했다.

블록체인은 여러 컴퓨터로 구성된 분산형 네트워크에 일정 기간의 정보를
하나의 블록으로 정리하고, 그것을 컴퓨터끼리 서로 검증하면서 최신 블록
과 과거의 블록을 이어나가는 시스템이다. 블록이 연결되기 때문에 블록체
인이라고 부른다.

블록체인의 특징은 조작이 어렵고, 시스템이 안정적이며 유지비 또한 저
렴한 장점이 있다. 현재는 금융뿐만 아니라 다양한 분야에서 활용할 수 있도
록 추진 중이다. 블록체인의 보급은 사회를 중앙집권적으로 독점하는 형태
가 아니라 개인이 서로 유연하게 연결되는 분산형 사회로 만들 것이다.

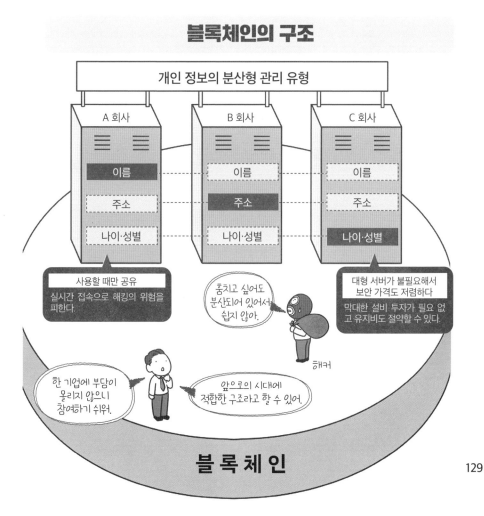

블록체인의 구조

GAFA 10 GAFA도 무시할 수 없는 지속 가능성의 흐름

지속 가능한 사회와 지구 환경을 지키는 '지속 가능성'이라는 개념은 주주 제일주의였던 대기업을 '스테이크홀더 자본주의'로 전환시키고 있다.

현재 새롭게 주목받고 있는 것이 '지속 가능성'이라는 개념이다. 지속 가능성은 환경, 사회, 경제의 관점을 중시하며 사회와 지구 환경을 지속 가능하게 만든다는 사고방식이다. 자연과 자원의 파괴로 해마다 발생하는 이상 기후, 기상 변동 등의 환경 문제는 피부에 와닿는 절실한 문제이다. 최근에는 지속 가능성의 분위기가 세계적으로 높아지고 있는데, 이 영향이 비즈니스 업계에도 나타나고 있다. 지금까지 미국의 주식회사는 '주주 제일주의'였고, 회사는 주주의 것이라는 생각이 당연하게 받아들여졌다. 그러나 주주 제일

주주 제일주의에서 스테이크홀더로 변화

주의는 격차 확대와 환경 파괴 등의 문제를 초래했고, 미국의 기업은 강한 비판을 받았다. 이런 흐름 속에서 2019년 8월에 제프 베이조스와 팀 쿡이 참가하는 미국의 경영자 단체 비즈니스 라운드 테이블에서 '주주 제일주의에서 벗어나 직원과 지역사회를 존중하는 스테이크홀더(stakeholder) 자본주의로 전환하겠다.'라고 선언했다.

GAFA를 비롯해 뛰어난 엔지니어가 부족한 미국의 테크놀로지 기업도 태도를 바꾸고 있다. 유능한 인재를 채용하지 못하고, 채용하더라도 금방 그만두는 환경이라면 직원의 가치를 향상시키고 일하기 편한 환경으로 전환하는 것이 중요하다는 것이다. 기업의 생존을 위해서라도 스테이크홀더 자본주의로 전환하는 것은 불가피한 실정이다. 앞으로는 지속 가능성이 일류 기업의 경영전략에서도 빼놓을 수 없는 개념이 될 것이다.

11 미국과 중국의 희비가 엇갈린 스마트 시티 계획

구글은 2020년에 캐나다 토론토의 '미래 도시' 계획에서 철수했다. 한편 중국에서는 인공지능을 이용한 스마트 시티 'ET 시티 브레인'이 시작되었다.

2017년에 구글의 지주회사 알파벳 산하의 사이드워크 랩스(Sidewalk Labs)는 캐나타 토론토의 수변 지구 재개발 프로젝트에 5,000만 달러 규모의 투자를 한다고 발표했다. 공업 용지였던 약 4만 9,000m2의 면적에 미래 도시를 건설하려는 계획이었다. 하지만 2020년 5월에 사이드워크 랩스는 이 프로젝트에서 철수하기로 결정했다. 알파벳이 목표로 삼았던 것은 철저한 데이터 수집으로 '쾌적한 도시 공간을 만들기 위해서는 데이터 수집이 필수'라고 주

미국과 중국의 스마트 시티 구상

장했지만 받아들여지지 않았다. 선진적인 콘셉트가 주목을 받았지만 '민간 기업이 어떻게 막대한 데이터를 보유하고 관리할 수 있느냐'며 지역 관계자로부터 크게 문제시되었고, 결국 이해를 얻지 못하고 좌초되었다.

한편 중국의 알리바바는 본사가 있는 항저우시에서 2016년부터 도시의 과제 해결을 위한 'ET 시티 브레인'이라는 인공지능 플랫폼을 운영하기 시작했다. 항저우시의 만성적인 교통 정체를 완화하기 위해 감시 카메라로 촬영한 자동차의 운행 상황, 택시 운전사가 사용하는 앱으로 수집한 운전 기록, 승객의 IC 카드 이용 기록 등, 정부가 보유하는 막대한 데이터를 ET 시티 브레인에 집약했다. 실시간으로 정보를 분석하고, 교통 정체의 가장 큰 원인인 교통사고를 살펴보고, 사고 현장에 경찰이 빨리 도착할 수 있도록 했다.

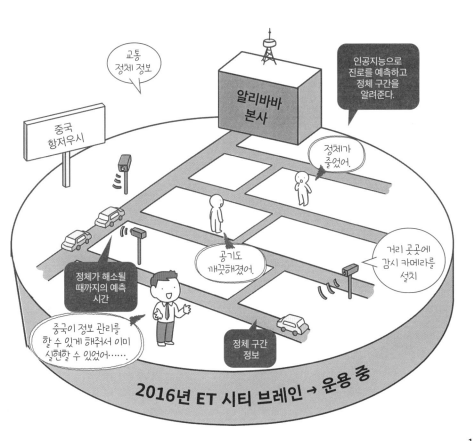

매출을 급상승시킨 박학다식함

팀 쿡

애플

팀 쿡은 1960년 11월 1일에 미국 앨라배마주 모빌에서 조선소 노동자인 아버지와 약국에서 근무하는 어머니 사이에서 태어났다. 오번대학교에서 산업공학을 전공하고 듀크대학교에서 MBA를 취득했다. 대학교 졸업 후 IBM 개인용 컴퓨터 사업의 북미 디렉터로서 12년간 근무하고, 컴팩의 부사장으로 근무한 후, 1998년에 애플에 입사했다.

애플에서는 생산운영관리 담당 부사장을 거쳐, 2000년 10월에는 월드와일드 세일즈 담당 부사장을 겸임했다. 2002년에 월드와일드 세일즈와 오퍼레이션즈 담당 이사로 취임했다. 2004년에 매킨토시 사업부의 책임자로 취임했고, 2005년 10월에는 최고운영책임자로 승진했다. 애플의 전 CEO 스티브 잡스 밑에서 경영의 실무적인 면을 담당하면서 애플의 경영 실적을 크게 향상시켰다는 평을 받았다.

쿡은 2009년과 2011년, 두 번에 걸쳐 질병 치료를 위해 휴직한 잡스를 대신해 CEO 대행으로 근무한 후, 2011년 8월에 잡스가 은퇴하자 정식으로 취임했다. 경영자로서의 쿡은 우뇌형인 잡스와 달리 우뇌와 좌뇌가 모두 뛰어난 인물이다. 그런 균형 감각을 활용해 '잡스의 후계자'라는 무거운 부담을 느끼면서도 애플이라는 기업을 이끌고 있다. 쿡은 CEO 취임 후, 자신이 게이라는 사실을 커밍아웃했고, 미국에서 다양성과 자유주의의 상징적 존재가 되었다. 쿡은 천재적인 경영자임은 틀림없다.

다음 디지털 패권은 누구의 손에 쥐어질까?

각국의 규제가 강화되고 있는 지금, 다음으로 GAFA와 어깨를 나란히 하게 될 기업은 어디일까? 급성장하며 GAFA를 추격하고 있는 중국의 거대 테크놀로지 기업일까? 아니면 부활한 마이크로소프트일까? GAFA의 뒤를 이을 가능성이 보이는 14개 회사를 소개한다.

Chapter 6

GAFA를 이을
기업은
어디일까?

01 GAFA를 추월할 다음 강자는 누구일까?

세계의 거대 테크놀로지 기업에 속할 대표적인 회사를 네 가지로 분류한다. 어느 기업이 GAFA의 지위를 위협하는 '차세대 GAFA'가 될 수 있을지 주목된다.

거대 테크놀로지 기업 중에서 새롭게 '차세대 GAFA'로 불리게 될 곳은 어떤 기업일까? 이번 장에서는 차세대 GAFA가 될 수 있는 14개 기업을 고르고 GAFA, BATH, 일본 기업, 미국 기업 등 4가지 카테고리로 분류한다.

우선 GAFA와 그 뒤를 쫓으며 성장하고 있는 중국의 거대 테크놀로지 기업인 BATH(바이두, 알리바바, 텐센트, 화웨이)를 들 수 있다. 일본 기업으로는 소프트뱅크, 소니, 토요타 등 세 기업을 꼽을 수 있고, 미국 기업으로는 넷플릭

앞으로 주목해야 할 14개 기업

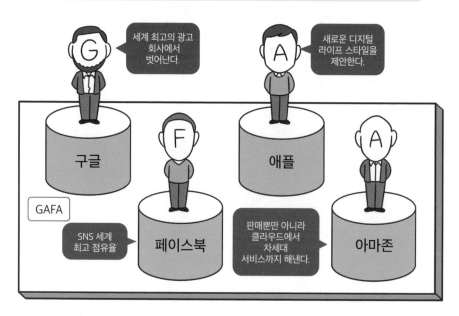

스, 마이크로소프트, 테슬라 등이 있다.

거대 테크놀로지 기업은 사업 영역이 점점 근접해지고 있다. 지금까지 전자상거래에서는 '아마존 대 알리바바', 검색 엔진에서는 '구글 대 바이두' 등 미국과 중국 기업의 대립 관계를 주목했지만, 클라우드와 스마트 스피커에서는 '아마존 대 구글'의 대립이 심해지고 있다. 자율주행 분야에서는 구글과 바이두뿐만 아니라 화웨이와 소니도 국적을 가리지 않는 출혈 경쟁을 벌이고 있다. 이 기업은 모두 '사회의 디지털화'라는 동일한 조건에 놓였다. 앞으로도 경쟁은 계속될 것이고, 그 승자가 다음 GAFA의 위치에 오르게 될 것이다.

02 아마쫀을 능가하는 세계 1위의 전자상거래 기업, 알리바바

알리바바는 중국의 최대 전자상거래 플랫폼 기업이다. 물류 사업, 오프라인 매장, 클라우드, 금융 사업 등도 펼치며 중국의 사회 인프라 기업이 되었다.

알리바바는 흔히 중국의 거대 전자상거래 기업, 알리페이의 회사로 알려져 있다. 그러나 현재 알리바바는 중국의 새로운 사회 인프라 기업으로 표현하는 것이 바람직할 것이다.

알리바바 사업의 주축은 전자상거래이지만, 기업 간 거래인 '알리바바 닷컴', 소비자 간의 거래 플랫폼인 '타오바오 마켓플레이스', 중국 국내의 기업

전자상거래 기업에서 사회 인프라 기업으로 뜨다

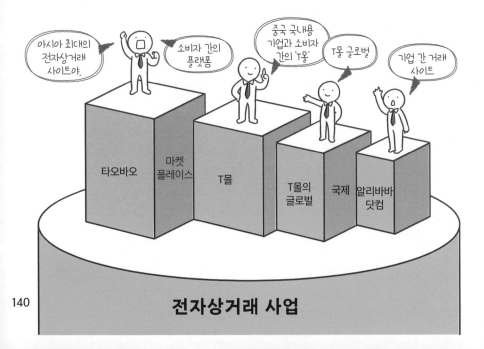

과 소비자 간의 거래 플랫폼인 'T몰', 국제판인 'T몰 글로벌' 등 여러 사업을 전개하고 있다. 알리바바의 전자상거래 사이트 '타오바오'는 일본의 '메리카리'나 '야후옥션'과 같은 곳이며, 'T몰'은 '라쿠텐(rakuten)'과 같은 곳이다. 알리바바는 중국의 온라인 시장에서 가장 큰 전자상거래 플랫폼이며, 2019년도 타오바오와 T몰의 유통 거래 총액은 6조 5,890억 위안에 달한다.

알리바바는 국책 인공지능 사업인 '도시의 인공지능화'를 위탁받았다. 교통·수도·에너지 등의 인프라를 수치화하고 빅데이터를 발굴한다. 또한 이 정보를 토대로 인공지능을 이용해 자율주행은 물론, 교통 정체 해소, 경찰이나 구조대 출동, 도시계획 등 사회에 가장 적합한 해결책을 제공한다.

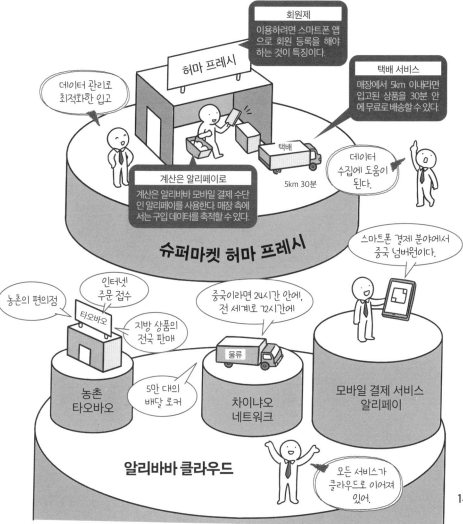

03 5G 시대의 스마트폰 강짜, 화웨이

> 모바일의 이미지가 강한 화웨이는 세계 최첨단 테크놀로지를 자랑하는 하드웨어 제조사이다.
> 5G를 둘러싸고 미국 기업과 치열한 경쟁을 벌이고 있다.

화웨이는 세계 2위의 스마트폰 제조사의 자리를 놓고 애플과 치열한 경쟁을 벌이고 있다. 2018년 12월, 화웨이의 멍완저우(孟晩舟) 부회장 겸 최고 재무책임자가 위법한 금융 거래 혐의로 미국의 요청에 응한 캐나다 당국에 체포되었다. 이에 세계 주가가 하락한 화웨이 쇼크가 발생했다. 화웨이는 스마트폰 등의 모바일 기기 제조사로 알려져 있지만, 세계 최첨단 테크놀로지를 자랑하는 하드웨어 제조사이다.

특히 강점을 보이는 분야는 이동통신 설비이며, 출하 대수는 스웨덴의 에

릭손을 뛰어넘어 세계 1위이다. 이러한 힘의 원동력은 지속적인 연구 개발 투자에 있고, 매출의 10% 이상을 꾸준히 연구 개발에 투자한다. 그 결과 국제 허가를 다수 출원했으며, 그 건수는 2014부터 2015년까지 세계 1위이다.

화웨이에 관해 주목할 만한 부분은 차세대 이동통신 규격 5G이다. 미국은 화웨이가 미국에서 뿐만 아니라 동맹국에서 통신 기지국 사업을 전개하거나 5G 패권을 잡지 못하도록 하고 있다. 일본을 포함한 미국의 동맹국은 화웨이의 제품을 배제한다는 입장을 밝혔는데, 5G 패권의 행방을 예상하는 데 화웨이의 존재감이 크다고 할 수 있다.

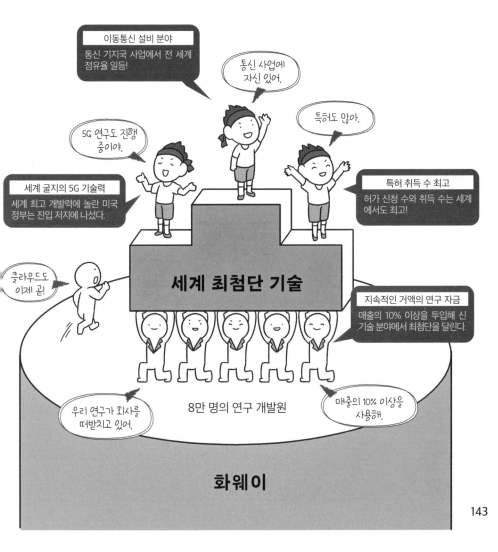

04 테크놀로지의 총집합, 발전하는 텐센트

중국의 페이스북으로 불리는 텐센트는 광고에 특화된 페이스북과 달리, 온라인 게임을 비롯한 여러 가지 사업으로 수익을 올리고 있다.

텐센트는 중국에서 알리바바와 주식 시가총액 1위를 다투는 거대 기업이다. SNS에서 급성장했기 때문에 중국판 페이스북으로 불리지만, 페이스북과 다른 점이 많다.

페이스북이 SNS로 기반을 다지며 광고로 수익을 올리는 것과는 달리 텐센트의 사업 영역은 SNS를 기점으로 하면서도 게임 등의 디지털 콘텐츠 제공, 결제 등의 금융 서비스, 인공지능 자율주행과 인공지능 의료 서비스, 클라우드 서비스, 신소매 매장 전개 등 여러 분야에 걸쳐 있다.

SNS로 다양한 비즈니스를 전개

텐센트를 한마디로 말하면 '테크놀로지의 종합 사업'이라고 할 수 있다. 비즈니스의 중추를 구성하는 것은 'QQ', '위챗', 'Q존' 등의 서비스이다. QQ는 컴퓨터용 이메일과 같은 서비스이고, 위챗은 모바일용 메신저 앱이고, Q존은 블로그나 사진을 공유할 수 있는 SNS이다.

텐센트의 월간 이용자 수는 2018년 6월 말 시점에 QQ가 약 15억 명, 위챗이 약 10억 명, Q존이 약 11억 명이며, 이용자의 대부분이 중국인이다. 텐센트의 사업 중에서 특히 큰 분야는 컴퓨터와 스마트폰용으로 제공하는 온라인 게임이며, 게임 내 과금이 텐센트의 커다란 매출로 이어진다. 또한 '알리페이'를 맹추격하는 모바일 결제 '위챗페이'도 눈길을 끈다.

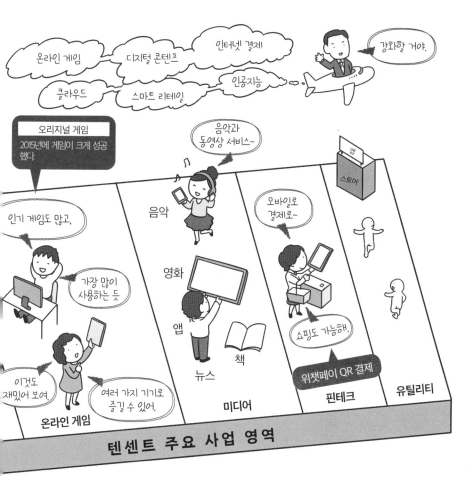

텐센트 주요 사업 영역

05 중국의 회대 검색 엔진에서 인공지능 기업으로 진화하는 바이두

바이두는 중국 검색 점유율의 대부분을 차지하고 있다. 인공지능 바이두 대뇌와 클라우드 컴퓨팅으로 자율주행 자동차 플랫폼 계획인 '아폴로'를 추진하고 있다.

바이두는 중국의 검색 시장에서 가장 큰 기업이다. '중국판 구글'이라고 불리며, 검색, 지도, 번역 등의 서비스 외에 '아이치이(iQIYI)'라는 동영상 스트리밍 서비스를 제공한다. 2010년에 구글이 중국 시장에서 철수한 후로 중국의 검색 시장은 바이두의 독주 상태이며, 중국 시장에서 약 70~80%의 점유율을 차지한다. 세계의 검색 시장에서는 구글의 뒤를 잇는 규모이다. 실제로 '구글의 검색 서비스를 모방했을 뿐'이라는 평이 많으며, 사업 전개 방식

구글이 철수한 후 독주하는 바이두

중국의 검색 서비스는 우리가 일등.

지도도

번역도

동영상도

중국 정부의 검열이 싫다.

맞설 수 있는 국내 기업은 없어.

중국의 검색 시장 독점

구글

2010년 철수

중국 시장에서는 서비스할 수 없다.

시장의 70~80% 장악했구나.

도 구글과 매우 유사하다.

현재 바이두가 중점을 두는 분야는 자율주행을 포함한 인공지능 사업이다. 2014년에 바이두는 검색의 편리성을 높이기 위해 컴퓨터로 뉴럴 네트워크(인공지능의 신경회로)를 만들었다. 곧 여러 학습 모델과 대량의 기계학습에 의해 데이터 분석과 예측을 시행하는 인공지능 '바이두 대뇌'를 발표했다. 바이두 대뇌와 클라우드 컴퓨팅을 바탕으로 프런트엔드(Front-end) 인공지능 기술로 내놓은 것이 자율주행 플랫폼 '아폴로 계획'이다.

바이두는 자율주행 버스에 이어 2020년 9월에 '아폴로 고 로보택시(Apollo go Robotaxi)' 서비스를 베이징, 창사, 창저우 등에서 시작했다. 아폴로 고 로보택시가 제휴한 자동차 제조사인 '중국제일기차'의 고급 전기자동차를 기반으로 했기 때문에 자율주행 기준 레벨 4를 실현할 수 있었다.

06 세계 최대의 동영상 서비스 기업, 넷플릭스

넷플릭스는 전 세계에서 1억 9,000만 명 이상의 회원을 보유한 동영상 서비스 기업이다. 오리지널 콘텐츠 제작에 전념하여 거액의 비용을 투자하고 있다.

넷플릭스는 1997년에 설립되었다. 창업 당시에는 DVD 온라인 대여 사업을 했는데, 그 후 정액제 대여 서비스로 회원을 늘리고, 2007년부터 동영상 서비스로 전환했다. 2012년에는 오리지널 콘텐츠 제작에 뛰어들어 경쟁회사와 차별화하는 데 성공했다.

현재는 전 세계에 1억 9,000만 명 이상의 회원을 보유한 세계 최대의 동영상 서비스 기업이다. 2019년 12월 기준 1년 매출액인 201억 5,600만 달러

넷플릭스가 최고의 동영상 사이트가 되기까지

의 내역을 살펴보면, 미국 국내 스트리밍이 45.9%를 차지하면서 스트리밍이 주요 사업이 되었다. 넷플릭스는 최근 영업 이익이 대폭 하락했지만, 그것은 동영상 콘텐츠의 제작과 취득에 거액의 비용을 들였기 때문이다. 또한 경쟁 기업이 따라잡지 못하는 넷플릭스의 강점은 추천 기능이다. 이용자가 흥미를 보인다고 추측되는 작품을 화면상에 '추천'으로 표시하는 기능으로 추천하는 작품의 선택과 순번은 인공지능이 이용자의 시청 데이터를 해석해서 결정한다. 동영상 서비스의 경쟁은 나날이 심화하고 있기 때문에 '넷플릭스가 게임 업계에 진출하지 않을까?'라는 견해도 있다. 그러나 소니, 마이크로소프트, 텐센트 등의 기업이 버티고 있어서 공략하기가 쉽지 않을 것이다.

07 GAFA를 추격하는 IT의 거인, 마이크로소프트

OS의 패권자로서 IT 업계에 군림했던 마이크로소프트가 지금은 정체된 것 같이 보이지만 기업의 가치는 매우 높다. GAFA와도 클라우드 사업 등을 둘러싸고 치열한 경쟁을 벌이고 있다.

정체기에 있었던 마이크로소프트의 성장이 다시 속도를 높인 것은 최근 몇 년 사이다. 컴퓨어 OS 윈도우로 압도적인 점유율을 차지했지만, IT의 모바일화와 클라우드화에 뒤처지면서 정상의 자리를 GAFA에게 빼앗겼다. 마이크로소프트의 수익은 주로 윈도우 OS의 라이선스료와 오피스 등의 패키지 상품 판매였기 때문에, 클라우드 사업에서도 아마존에 자리를 빼앗겼다. 2014년에 CEO로 취임한 사티아 나델라(Satya Nadella)는 모든 서비스의 모바

마이크로소프트의 재성장 전략

일화와 클라우드화를 진행하여 최고 수익을 경신했다. 차세대 기술인 복합현실의 선진적인 추진 외에 클라우드 서비스 '애저(Azure)'를 포함한 사업을 추진했다. 또한 미국 통신 기업 AT&T와 제휴함으로 월마트를 고객으로 끌어들이는 데 성공했다. 애저를 포함한 클라우드 사업의 2020년 7~9월 매출은 130억 달러이고, 같은 기간 아마존의 AWS 매출 116억 달러를 넘어섰다.

마이크로소프트의 법인용 클라우드 사업은 2019년 가을에 미국 국방부 '공동 방위 인프라 사업'의 입찰에서도 아마존을 누르고 100억 달러의 수주를 따내는 데 성공했다. GAFA에 대항하기 위해 소니와 '게임 클라우드화 계획'을 진행하며 클라우드 서비스 분야에서 커다란 존재감을 나타내고 있다.

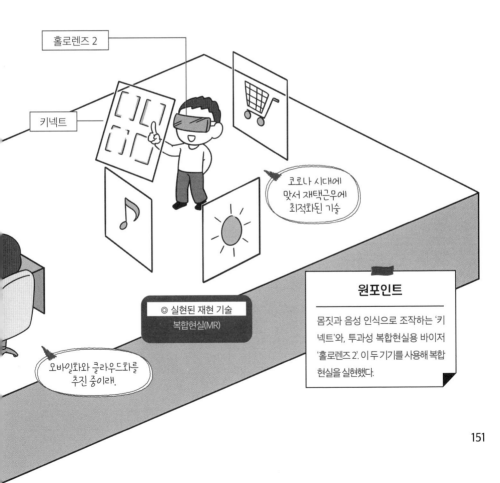

08 차세대 자동차 산업의 선두주자, 테슬라

테슬라는 자동차 제조사로서는 반세기 만에 미국 주식시장에 상장했다. 전기자동차 개발에 힘을 쏟으며 클린 에너지 창출을 목적으로 한다.

자동차 산업의 구조는 급격히 변화 중이다. 테슬라는 자동차 제조사로서는 1956년 포드 이후 반세기 만에 주식시장에 상장했다. 진입 장벽이 높은 자동차 산업에 신규 플레이어가 진입했다는 것은 업계 구조의 변화가 일어났다고 할 수 있다. 그 원인 중 하나는 가솔린 자동차에서 전기자동차로 흐름이 바뀌었기 때문이다. 가솔린과 디젤 자동차에서 전기자동차로 전환되는 것은 불가역적인 것인데, 각 산업을 뒷받침하는 사업 구조 자체는 크게 다르

자동차 산업의 구조 파괴

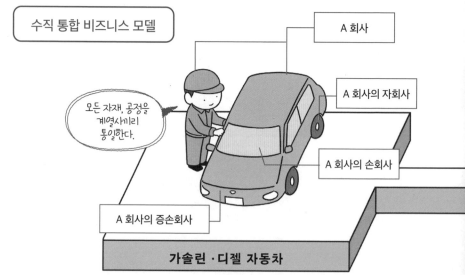

다.

　기존의 자동차 산업은 기획, 생산, 판매까지 계열사끼리 처리하려는 수직 통합 비즈니스 모델로 가솔린 자동차 제조에는 계열 부품 공급자가 필수이기 때문에 바로 이것이 진입 장벽으로 작용했다. 하지만 차세대 자동차 산업은 제조 단계에서 외부에 부품을 발주하는 수평 분업 비즈니스 모델이다. 전기자동차는 표준화된 부품을 조합하는 모듈화가 가능하고, 이것이 자동차 산업에 대한 진입 장벽을 무너뜨리는 조건이 되었다.

　그러나 테슬라를 전기자동차 회사로만 바라보는 것은 잘못된 인식이다. 테슬라의 CEO 일론 머스크(Elon Musk)의 목적은 환경 파괴와 자원의 고갈로부터 인류를 지키기 위한 클린 에너지를 만드는 것이다. 태양광 발전으로 클린 에너지를 만들고, 축전지로 에너지를 모아서 전기자동차로 에너지를 사용하는 사업 모델을 선보이고 있다.

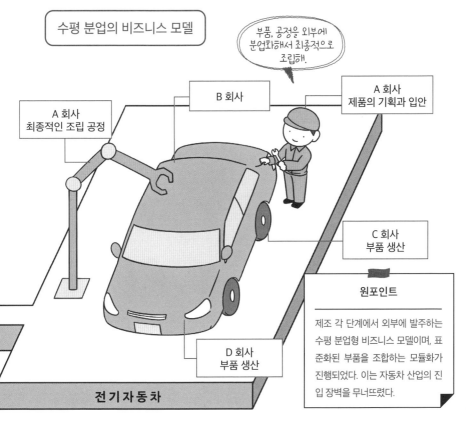

09 슈퍼 앱 경제권을 구축하는 소프트뱅크

소프트뱅크는 성장 기업을 차례로 매수해서 '군전략(群戰略)'을 시행한다. 야후와 라인의 경영 통합으로 거대한 '슈퍼 앱 경제권'을 내세운다.

소프트뱅크의 중장기적 경영전략이 '군전략(群戰略)'이다. 군전략이란, '최첨단 테크놀로지, 소비자를 위한 서비스, 금융, 교통, 부동산, 로지스틱스, 의료, 법인용 서비스 등 특정 분야에서 뛰어난 기술과 비즈니스 모델을 지닌 다양한 기업이 각자 자립적으로 의사결정을 하면서 자본 관계와 동료적 결합을 통해 시너지를 창출하고 꾸준히 진화·성장해나가는 것'이다. 최근에는 인공지능 군전략을 가장 중요한 전략으로 내세우며, 인공지능 관련 기업을 중

소프트뱅크의 군전략

원포인트

야후와 라인의 경영 통합이 2021년 3월에 마무리된다. 글로벌 인터넷 산업을 이끄는 중국과 미국에 대항하는 세력이 될 수 있을지 주목된다.

스마트폰 케이스부터 애완 로봇까지

스마트 빌딩, 5G 등의 첨단 기술을 개발

소비자용

테크

심으로 투자를 시작하고 있다.

　소프트뱅크 그룹은 스마트폰 결제 서비스 '페이페이(PayPay)'의 최대 출자자이다. 페이페이를 고객 접점의 입구로 활용하면서 야후 쇼핑, 조조타운, 페이페이 몰, 페이페이 플리마켓, 로하코(LOHACO) 등의 전자상거래 소매업을 활성화했다. 또한 은행·증권·보험 등의 금융 서비스, 승차 공유 등의 모빌리티, 통신, 전력·에너지, 여행 등의 생활 전반에 걸친 다양한 서비스에 고객을 유도하고 있다. 여기에는 이를 위한 탄탄한 생태계를 구축하려는 치밀함이 있다고 여겨진다. 특히 2019년 12월에는 야후와 라인이 경영 통합을 한다고 발표함으로써 소프트뱅크 그룹은 페이페이와 라인을 기점으로 하는 '슈퍼 앱 경제권'을 구축할 것으로 보인다.

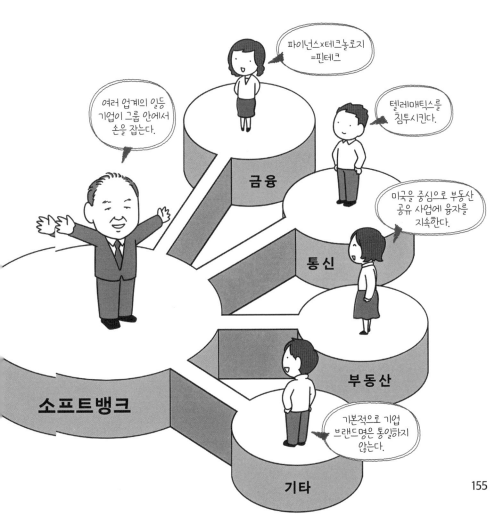

10 토요타의 차세대 전략

해외에서도 주목하고 있는 토요타의 변하지 않는 경영전략은 '간판 방식'이다. 이 방식을 살린 우븐 시티는 새로운 비즈니스 모델의 장이 된다.

토요타는 일본 최대의 시가총액을 자랑하는 기업이다. 그 강점의 비밀은 생산 공정의 관리 방법인 '간판 방식'에 있다. 제품의 생산 과정에서 '필요한 만큼 필요할 때 제조한다.'는 원칙하에 철저히 낭비를 배제한다. '간판'이란 메모가 적힌 작은 카드를 말하며, 무엇을 어떻게 얼마나 만들지 등의 정보가 있다. 카드의 지시에 따라 부품을 만듦으로써 재고를 해소할 수 있는 방법이다. 간판 방식은 토요타의 경영 모델이며, 차세대 자동차에서도 그 우위성은

토요타 생산 방식의 차별화

변함없을 것이다.

토요타가 CES 2020에서 발표한 '우븐 시티(Wooven City)'는 중국에서 비약적으로 발전하고 있는 '스마트 시티'를 넘어설 가능성이 있다. 이는 후지산기슭의 히가시후지 공장 부지를 이용한 도시계획이며, 2021년 초에 착공해 70만 제곱미터의 부지로 확대할 예정이다. 이 광활한 부지를 이용해 자율주행이나 로봇 등의 최첨단 기술을 활용한 연결 도시를 건설한다.

앞으로 인공지능이나 IoT(Internet of Things; 사물 인터넷) 기술이 발전하고 5G의 고속 통신망이 정비되면, 새롭게 창출되는 가치와 비즈니스 모델은 실증 실험이 필요해진다. 그래서 토요타는 우븐 시티를 거대한 실험장으로 삼아 테크놀로지와 서비스 개발을 누구보다 빠르게 실현하려고 한다.

11 게임 사업으로 부활한 소니

소니가 경영 위기에 빠졌다는 소문이 돌면서 '소니 쇼크'를 경험했다. 이후 적극적인 사업 재편성으로 기적의 부활을 이루었고 세계 최대의 게임 회사라고 불릴 만한 활약을 보여주고 있다.

한때 경영 위기까지 몰렸던 소니는 최근에 화려한 부활을 이루었다. 위기는 2003년 3월 기준 결산이 기존의 예상을 크게 밑돈 데 이어 2004년까지 이익이 대폭 감소할 것으로 예상되면서부터 시작되었다. 이런 발표가 나오자 소니의 주가는 이틀 연속 하한가를 기록하며 하락했고, 이른바 '소니 쇼크'를 일으켰다. 그 후에도 전혀 회복될 조짐을 보이지 않았던 소니가 부활한 것은 2012년에 부사장에서 CEO로 취임한 히라이 가즈오(平井一夫)의 적극적인

소니의 사업 재편성

컴퓨터도 일본 제품이 좋아.

액정 텔레비전 하면 소니지.

가전의 소니 시대의 핵심 제품
· 액정 텔레비전 '브라비아'
· 컴퓨터 브랜드 '바이오'

워크맨 이후 제조업으로만 시대를 이끌어왔어.

소니 쇼크 이전

'사업 재편성' 덕분이었다.

예전에 수익의 중추였던 '바이오'라는 브랜드의 컴퓨터 부문을 매각하고 텔레비전 부문을 분사하는 등 채산이 좋지 않은 사업을 축소하거나 통폐합, 철수했다. 또한 성장 사업이나 고수익 사업에 대해 경영 자원을 집중시켰고, 미국이나 일본에 소유하던 부동산도 처분했다. 동시에 재무 체질을 강화하는 동시에 약 2만 명의 직원을 정리했다. 현재 소니 내에서 가장 매출이 높은 부문은 게임이며, 세계 최고의 게임 회사라고 해도 과언이 아니다. 앞으로 게임의 주류가 스트리밍으로 이행해갈 것은 틀림없는데, 2019년에 구글이 출시한 클라우드 게임 서비스 '스타디아'에 대항하기 위해 마이크로소프트와 제휴할 것을 시사하고 있다.

세계 최대의
게임 회사

마이크로소프트와 손잡고 클라우드 게임을 계획하는 것 같아.

e-스포츠 붐도 이끌어.

소니

소비자용 기기의 일류 브랜드네.

◎ 소니의 부활 전략
· 바이오 브랜드의 컴퓨터 부문 매각
· 텔레비전 부문의 분사
· 채산이 나쁜 사업을 축소, 통폐합, 철수
· 성장 사업과 고수익 사업에 대한 자원 집중
· 국내외에 소유하던 부동산 처분
· 약 2만 명의 직원을 정리

SNS 문화 교류의 주인공

마크 저커버그

페이스북

마크 저커버그는 1984년 5월 14일에 미국 뉴욕주 웨스트체스터 카운티 화이트 플레인스에서 치과 의사인 아버지와 정신과 의사인 어머니 사이에서 태어났다. 유복한 가정에서 자란 그는 아버지로부터 프로그래밍의 기초를 배웠다. 프로그래밍을 습득한 저커버그는 열두 살 때 치과 의사인 아버지의 업무를 돕기 위해 접수 업무 시스템인 소프트웨어 '저크넷(Zucknet)'을 개발했다. 이런 일화를 보더라도 당시부터 저커버그가 사람과 사람의 연결에서 자신만의 가치를 발견했음을 알 수 있다.

저커버그가 열여덟 살이 되었을 때 이용자의 음악 취향을 토대로 곡을 제안하는 '스냅스 미디어 플레이어(Synapse Media Player)'를 개발했다. 당시에 이 소프트웨어를 마이크로소프트가 100만 달러에 매수하고 싶어 했다고 한다.

하버드대학교에 입학한 저커버그는 대학생다운 서비스를 두 가지 개발한다. 첫 번째는 어느 학생이 무슨 수업을 이수했는지 목록화하는 '코스매치(CourseMatch)'라는 학내 커뮤니티 네트워크 서비스이다. 두 번째로는 학생이 서로 외모의 우열을 평가하는 '페이스매시(Facemash)'였다. 저커버그는 서비스 개발을 위해 대학 기숙사의 로컬 네트워크와 인터넷을 해킹해 학생의 사진을 무단으로 다운로드했다. 그 때문에 근신 처분을 받았고, 캠퍼스의 여성 단체에 사죄해야만 했다.

저커버그는 열아홉 살에 페이스북을 개발했고, 학교 내에서 학생과 학생을 이어주는 서비스를 개시했다. 원래 페이스북은 학교 내에서만 사용되었지만 다른 학교와 기업에서도 높은 평가를 받았다. 저커버그는 1년 후에 페이스북 개발과 서비스 향상에 주력하기 위해 하버드대학교를 중퇴했다. 이후 페이스북은 전 세계의 사람을 이어주는 서비스로 발전했다.

GAFA조차
안심할 수 없는
시대이다.

GAFA는 코로나 시대에도 실적을 올리며 점점 강해졌다. 과연 코로나 시대에 이 기업들은 어떤 미래를 그리게 될까? GAFA가 다음으로 노리는 시장과 코로나 시대 이후의 사회 변화 등, 포스트 코로나 시대를 앞둔 GAFA의 미래 전략을 설명한다.

Chapter 7

포스트
코로나 시대를 앞둔
GAFA의 미래

01 포스트 코로나 시대에도 GAFA는 여전히 승자일까?

코로나 사태에도 실적을 올린 GAFA는 과연 포스트 코로나 시대에도 시장을 장악할 수 있을까? 생활양식과 가치관이 변화하는 오늘날, 코로나 이후의 국가와 기업에 요구되는 것은 무엇일지 생각해보자.

2020년 코로나19 바이러스가 세계적으로 유행했지만 GAFA 중 구글을 제외한 세 기업이 실적을 올렸다. 이는 '코로나 이전' 세계가 더 치열했음을 보여주는 것 같다. 포스트 코로나 시대에도 이런 상황이 이어질까?

코로나 쇼크는 다음의 세 가지 관점에서 복합적 위기임을 알 수 있다. 첫

코로나 이후의 패권은 누구의 손에 있을까?

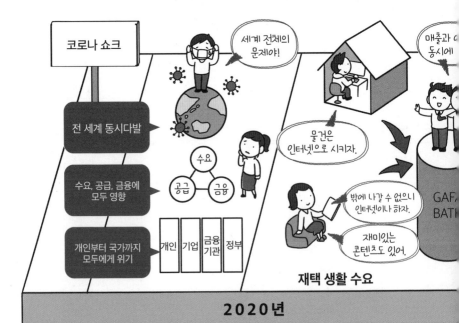

째, 코로나19 감염 확대가 수많은 나라와 지역에서 동시 다발적으로 일어나고 있다. 둘째, 코로나 위기가 '수요 충격×공급 충격×금융 충격'의 트리플 쇼크를 일으켰다. 셋째, '개인×기업×금융기관×정부' 등 네 계층을 동시에 덮쳤다는 점이다.

수요와 공급 사이의 충격이 동시에 일어난 지금 디지털 플랫폼 기업에게 유리한 흐름이 되었다는 분위기로 GAFA가 당장 도태되고 패권을 잃어버릴 것이라고 생각해서는 안 된다. 그러나 GAFA가 이 코로나 쇼크를 이용해 확대만 거듭한다면 최근의 지속 가능성이나 스테이크홀더 자본주의 등의 가치관과 충돌해 결국 소비자의 지지를 잃어버리게 될 것이다. 반면에 코로나 위기를 새로운 가치관과 체제로 극복하는 데 성공한 국가와 기업은 더욱 번영할 것이다.

02 GAFA까지 뛰어든 인공지능 칩 개발 전쟁

인공지능의 발전은 반도체의 진화 없이는 불가능하다. 자율주행이나 로봇에 대한 인공지능 적용을 내다본 GAFA는 인공지능 처리를 위한 반도체 개발에 나섰다.

2020년 1월, 애플이 인공지능 기술을 지닌 스타트업 기업 '엑스노어에이아이(Xnor.ai)'를 약 2억 달러에 매수했다는 소식이 전해졌다. 애플뿐만 아니라 GAFA는 인공지능 칩 개발에 나섰다.

인공지능도 컴퓨터 프로그램의 하나인데 인공지능의 발전은 반도체의 진화 없이 불가능하다. 그 인공지능의 '학습'과 '추론'을 실행하는 데 필요한 것이 GPU(Graphic Processing Unit)이다. GPU는 3차원 영상을 처리하는 연상장치이며, 쉽게 말해 컴퓨터 게임의 화면에 3차원 영상을 표기하기 위해 사용

인공지능이 더 똑똑해지기 위한 비결, GPU

인공지능의 성장 과정(CPU만 가동)

된다. CPU(중앙처리장치)만으로 처리할 수 없는 작업을 보완하기 위해 개발되었다.

　대량의 영상 데이터를 동시에 처리하는 데 뛰어난 GPU는 자율주행이나 로봇에 활용할 수 있다. 센서가 취득한 3차원 영상 데이터를 클라우드로 모아서 머신러닝이나 딥러닝에 의해 인공지능을 학습시킨다. 그리고 센서가 취득하는 3차원 영상을 클라우드에서 실시간으로 처리해 인공지능 데이터와 대조하고 어떻게 자동차를 움직이면 좋을지 추론한다. 그렇게 주고받는 정보를 동시에 받아들이는 것이 GPU이다.

　GAFA를 비롯해 수많은 반도체 제조사와 자동차 부품 제조사, 대형 가전 제조사가 자율주행이나 로봇에 활용할 인공지능 칩에 진출하고 있어서 앞으로 인공지능 칩을 둘러싼 경쟁이 더욱 치열해질 것으로 보인다.

GPU의 성능 차이에 따라 나뉜다

03 애플이 선택한 헬스케어 시장

애플의 다음 혁신은 헬스케어 시장이다. 브랜드를 무기로 삼아 스마트 헬스케어 플랫폼을 키우려는 애플의 전략은 무엇일까?

스티브 잡스가 세상을 떠난 뒤, 애플은 혁신을 일으키지 못하고 지속적인 발전에만 머물러 있다. 이런 상황에서 애플이 혁신을 일으키게 된다면 그것은 헬스케어 시장이라고 여겨진다. 애플워치가 시리즈 4부터 심전도 기능을 탑재해 건강관리와 의료 관리를 할 수 있는 기기로서의 성격을 강화했기 때문이다. 아이폰에 표준 탑재되어 있는 '헬스케어'라는 앱과 병용하면 '심박

헬스케어의 플랫폼

애플워치로 건강관리
애플워치 시리즈 4부터 심전도를 탑재했다. 아이폰의 표준 탑재 앱인 '헬스케어'를 병용함으로써 실시간으로 건강 상태를 파악할 수 있다.

혈압이 높네.

건강관리

수', '심박 변동' 등이 표시되고, 비정상적인 수치가 나오면 실시간으로 메시지가 전송된다. 이처럼 애플의 헬스케어 전략은 건강관리에서 의료 관리로 진화하고 있는 셈이다.

인프라로서 애플의 헬스케어 전략을 뒷받침하는 것은 '헬스케어' 앱과 연계된 개발자용 도구 헬스킷(HealthKit)이다. 여기에 애플워치 등 애플 제품으로 얻은 개인의 의료·건강 데이터가 축적된다. 앞으로 애플워치나 아이폰은 스마트 헬스케어의 플랫폼으로서도 성장할 것이고, 애플은 다양한 헬스케어 관련 상품과 서비스를 내놓을 것이다.

의료 분야의 플랫폼에서는 기술뿐만 아니라 신뢰성과 안정감도 중요하다. 이 점에서 탁월한 애플은 개인 정보 수집 분야에서 앞서가고 있는 구글이나 아마존에게도 만만한 상대가 아니다.

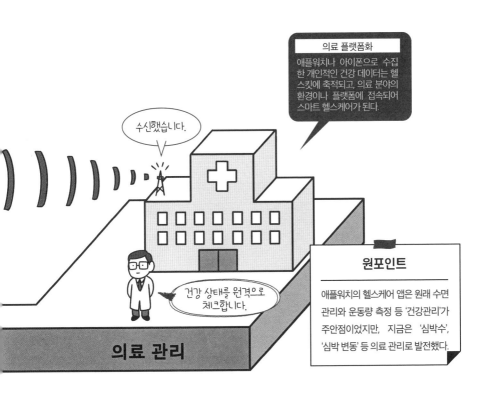

04 디지털 화폐는 거대 경제 시장을 형성할까?

페이스북의 가상화폐 '리브라(Libra)'는 27억 명 이상의 이용자를 확보했다. 페이스북은 자신들의 플랫폼에서 초국가적인 디지털 화폐를 발행한다는 구상으로 세계의 금융 당국을 긴장시켰다.

2020년 3월, 페이스북은 리브라(2020년 '디엠(Diem)으로 명칭을 바꾸었다.) 가상화폐 프로젝트를 재검토하겠다고 발표했다. 리브라는 제네바에 본부를 둔 리브라 협회가 발표한 글로벌 통화·금융 인프라 프로젝트를 바탕으로 발행이 계획된 암호자산(가상화폐)이다. 블록체인상에서 발행되는 토큰(블록체인 기술을 이용해 발행되는 가상화폐)의 일종으로, 페이스북은 협회의 창설을 주도하고, 자회사 노바이(Novi)를 이 협회에 가입시켜, 가상화폐를 발행하겠다고

페이스북이 목표하는 세계적 금융 인프라

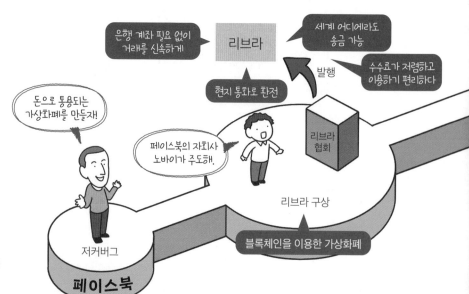

표명했다. 리브라의 발행 목적은 은행 계좌가 없는 사람도 전용 지갑 앱을 설치한 스마트폰만 있다면 개방적이고 신속하게 또 저렴하게 돈을 주고받을 수 있게 된다. 이는 세계 규모의 금융 시스템을 구축하는 일이다.

그러나 국가를 초월한 거대 경제권을 형성할 것이라는 기대 뒤에는 각국의 금융 당국이나 정치가가 우려와 반대를 표명했다. 2020년 4월에는 리브라에 관한 내용이 대폭 개정되어, 협회 발행 모델의 변경이 예고되었다. 즉 복수의 법정통화를 조합한 것으로 가치를 매기는 바스켓형 리브라에서, 달러나 유로 등의 개별 법정통화로 가치를 뒷받침하는 단일형 리브라로 변경하겠다고 발표했다. 페이스북은 미국 달러를 대표하는 '리브라 USD', 유로를 대표하는 '리브라 EUR' 등 기존 통화와 공존하는 형태로 발행할 것을 목표로 삼았다.

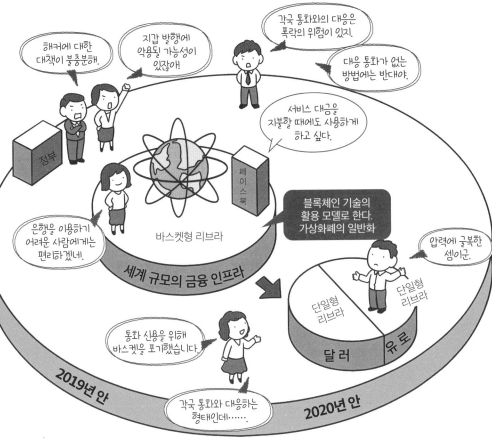

171

05 구글은 자율주행으로 선두를 잡을 수 있을까?

구글은 10년 전부터 자율주행 기술 개발에 힘을 쏟았다. 현재 완전 자율주행 분야에서 가장 앞서 있지만, 원하는 진짜 목적은 자율주행 자동차 외에 있다고 보인다.

구글은 2009년부터 자율주행의 실용화를 위해 움직이기 시작했다. 이 연구 개발은 2016년에 설립된 자회사 '웨이모'로 이어졌다. 웨이모는 2017년에 이용자를 승차시킨 자율주행 테스트를 실시하고, 2018년 2월까지 일반 도로에서 시행한 시험 주행 거리를 800만 킬로미터로 늘리는 등, 세계에서 가장 앞서가는 자율주행 프로젝트를 진행 중이다.

자율주행에는 지도 정보도 빼놓을 수 없다. 자율주행 자동차는 5G 통신

구글이 자율주행으로 이루고 싶은 것

네트워크를 사용해 입체적인 3D 지도 정보를 실시간으로 갱신하면서 인공지능이 주행의 안전성을 확보한다. 자율주행을 할 때 구글 맵과 스트리트 뷰의 데이터는 큰 도움이 된다. 이 때문에 종합적으로 봤을 때 구글이 경쟁우위에 있음은 틀림없다. 구글이 최종 목표로 삼는 것은 스마트폰용 기본 소프트웨어인 안드로이드를 자율주행 자동차를 움직이는 기본 소프트웨어로 만드는 것이다. 이미 2014년부터 지엠, 혼다, 아우디, 현대 등 유력 자동차 제조사와 공동으로 안드로이드를 자동차에 탑재하는 프로젝트를 시작했다.

완전 자율주행이 실현된다면 자동차 내에서 시간을 어떻게 보낼지가 중요해진다. 운전은 인공지능에 맡기고, 인간이 자동차 안에서 마음껏 시간을 보낼 수 있는 세상이야말로 구글의 지향점이다. 구글이 거대한 자율주행 자동차 시장의 패권을 잡을 가능성은 크다.

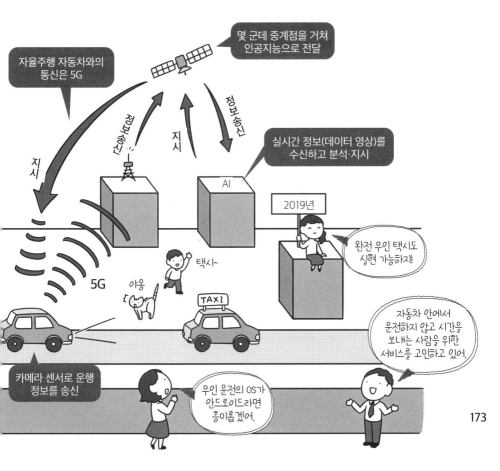

06 아마존이 금융권에 진출한다면?

싱가포르의 DBS 은행은 금융 전문 정보지 <유로 머니>에서 두 번이나 세계 최고의 디지털 은행으로 꼽혔다. 아마존 은행이 생긴다면 어떤 변화가 일어날지 추측해볼 수 있다.

전 세계의 금융 관계자로부터 주목을 끌고 있는 것이 싱가포르에 있는 DBS 은행이다. 이 은행이 유명해진 이유는 금융 전문 정보지 〈유로 머니(Euromoney)〉에서 2016년과 2018년 두 차례에 걸쳐 '세계 최고의 디지털 은행(World's Best Digital Bank)'이라는 칭호를 얻었기 때문이다. 또한 〈글로벌 파이낸스(Global Finance)〉지가 선정한 세계 최고의 은행 2018에서도 '세계 최고의 은행'을 수상했다. DBS 은행이 골드만삭스나 JP모건 등을 누르고 '최고

의 은행'으로 선정된 이유는 어디에 있을까? 그 비밀은 DBS 은행이 '만약 아마존의 CEO 제프 베이조스가 은행업에 진출한다면 무엇을 할 것인가?'라는 출발에서 은행업 자체를 재정의한 데 있다.

DBS 은행은 2009년에 은행에 직접 방문하는 고객보다 디지털로 거래하는 고객이 더 많은 이익을 가져다준다는 사실을 깨닫고 나서 '회사의 영혼까지 디지털화한다.', '스스로를 고객여정으로 편입시킨다.', '직원 2만 2,000명을 스타트업으로 변혁한다.'라는 세 가지 표어를 내걸고 철저한 디지털화를 추진했다. 고객 시선으로 전환을 꾀하고, 직원의 마인드를 스타트업 기업처럼 속도감 있고 혁신적으로 만들었다.

07 제프 베이조스가 꿈꾸는 우주 사업

아마존 CEO 베이조스의 꿈은 우주이다. 개인적으로 막대한 자금을 투입해 항공우주 기업을 창업하고 로켓도 개발했다. 그러나 베이조스가 목표로 삼는 것은 우주만이 아니다.

아마존을 세계 최강의 '없는 게 없는 회사'로 키워낸 CEO 베이조스의 꿈은 우주이다. 2000년에는 개인 사업으로서 항공우주 기업 '블루 오리진(Blue Origin)'을 설립했다. 그는 로켓 개발을 시작했고, 2015년에 첫 비행에 성공했다. AWS에서도 우주 사업으로 수익을 올렸다. 블루 오리진은 우주 사업을 비롯한 베이조스의 꿈을 추진하기 위한 회사이다. 그를 우주로 몰아붙이는 원동력은 '많은 사람이 우주에 살 수 있도록 하고 싶다.'라는 생각이다.

제프 베이조스의 우주 사업 계획 MARS

아폴로 11호 달 표면 착륙
아폴로 계획으로 인류가 최초로 달에 도달하는 장면을 보고 우주를 동경하기 시작했다.

고등학교 졸업식
수석 졸업생 연설에서 우주에 이주용 땅을 만들겠다는 꿈을 이야기하다.

온라인 서점 개업
자택 차고에서 온라인 서점 '아마존'을 창업입니다.

우주 사업 회사 설립
막대한 개인 자금을 털어 우주 비행 사업 회사를 설립하다.

우주 사업

아마존

5세
나도 우주에 가고 싶어.

1969년   1982년   1994년   2000

'우주 비즈니스의 플랫폼을 구축하고 싶다.'라고 이야기하는 베이조스는 블루 오리진에 막대한 자기 자금을 투입하고 재이용 가능한 유인 우주선 '뉴 셰퍼드(NewShepherd)'를 개발했다. 그러나 그가 목표로 하는 것은 우주만이 아니다. 바로 '중요한 것은 더 낮은 비용으로 우주에 갈 수 있도록 하는 것'이라고 이야기했다. 즉 스스로가 우주 사업의 플랫폼을 만듦으로써 다른 회사도 우주 사업에 쉽게 참가하고 서로 경쟁하게 되면서 비용이 낮아져 산업 전체가 발전하는 것이다.

베이조스의 도전은 많은 사람이 우주에 살 수 있도록 하는 것이며, 비전 또한 우주 비즈니스의 플랫폼을 구축하는 것이고, 추구하는 가치는 아마존과 마찬가지로 고객 제일주의, 창업 정신, 혁신에 대한 열정이다.

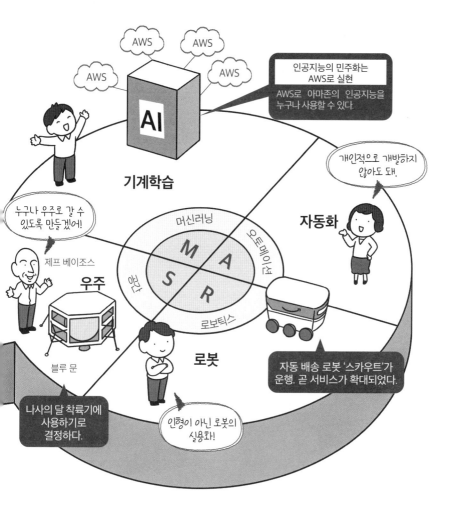

08 GAFA가 주목하는 차세대 기술

GAFA가 장래를 위해 힘을 쏟고 있는 분야가 앰비언트 컴퓨팅이다. 또한 멀리 떨어진 곳에서도 홀로그램으로 대화할 수 있는 텔레프레전스도 개발이 진행 중이다.

GAFA가 주목하고 있는 차세대 기술 중 하나가 '앰비언트 컴퓨팅(ambient computing)'이다. 앰비언트(ambient)란 '환경의', '주변의'라는 뜻이다. 현재는 컴퓨터를 매개로 한 서비스를 받으려면 컴퓨터, 태블릿, 스마트폰 등의 기기를 이용해야 한다. 그러나 5G, 가상현실, 증강현실 등의 기술이 중첩되면 컴퓨터 등 기존의 기기 없이 서비스를 받을 수 있는 시대가 실현된다. 그 환경을 바로 앰비언트 컴퓨팅이라고 부른다. 이 분야에서 앞서가고 있는 기업은 마

GAFA가 주목하는 차세대 기술

이크로소프트이다.

마이크로소프트는 복합현실, 즉 현실세계와 가상세계의 완전 융합을 '키넥트'와 '홀로렌즈'라는 두 가지 기기로 실현하고자 한다. 키넥트는 신체의 움직임과 음성 인식에 의해 조작하는 기기이며, 홀로렌즈는 복합현실용 헤드셋이다. 헤드셋을 착용하면 홀로그램이 공중에 떠오르고, 손가락으로 그것을 터치하면 컴퓨터를 조작할 수 있다.

홀로그램을 사용해 멀리 떨어진 곳에 형상을 전송하는 '텔레프레전스(telepresence)'도 주목할 만한 기술이다. 눈앞에 존재하지 않는 사람이 갑자기 나타나 말을 걸기 때문에 더 이상 물리적인 거리는 문제가 되지 않는다. 마이크로소프트의 사티아 나델라 CEO도 '세계화의 세 번째 물결은 텔레프레전스가 실현한다'고 이야기했다.

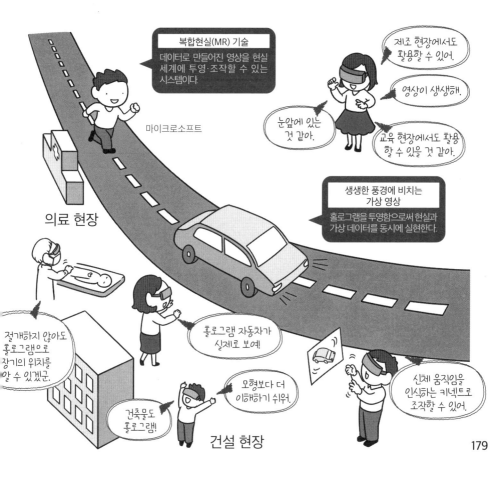

세계적으로 추진되는 SDGs 대응, GAFA도 힘을 쏟는다

2015년에 합의된 SDGs는 지속 가능한 사회를 위해 사회문제를 해결하려는 시도로써 GAFA도 이러한 대책에 적극적인 자세를 보이고 있다.

SDGs는 'Sustainable Development Goals(지속 가능한 개발 목표)'의 약칭이며, 2015년의 UN 총회에서 합의된 것이다. 17개의 목표와 그것을 달성하기 위한 169개의 세부 목표로 구성되었다.

17개의 목표 중에는 '빈곤 종식', '기아 해소', '건강 증진과 웰빙' 등 현재 세계적으로 관심이 모아지고 있는 사회문제를 해결하려는 것이 많다. 우리나라는 현재 본업과 별도의 사회 공헌 활동을 하는 차원에 머물러 있는 기업

SDGs에 임하는 자세

이 많은데, 세계의 거대 테크놀로지 기업은 본업의 일환으로 SDGs에 임하고 있다.

2019년에 구글은 지속 가능성에 관한 프로젝트와 사회문제의 해결에 임하는 스타트업 기업을 지원하는 프로그램(Google for Startups Accelerator)을 시작한다고 발표했다. 그 배경에는 구글이 기후 변동에 대한 방침을 둘러싸고 직원으로부터 항의를 받았다는 일이 있었다.

애플은 '지속 가능성은 팀 쿡의 가장 중요한 과제이다.'라는 입장이며 2019년 9월에는 자연 에너지를 100% 이용한다고 평가받으며 UN에서 주는 상을 수상했다. 마이크로소프트는 2020년 1월에 '2030년까지 카본 네거티브(carbon negative; 이산화탄소 순배출량을 줄이는 것)를 목표로 삼는 것과 앞으로 4년 동안 10억 달러를 투자해 이산화탄소 제거 기술을 발전시킨다.'라고 발표했다.

10 디지털 자본주의가 낳은 문제점

디지털 자본주의가 급속도록 이루어지면서 다양한 문제점도 나타났다. 그중 하나가 개인 정보 보호 문제이며, 미국과 유럽에서는 규제의 움직임이 시작되었다.

최근 들어 디지털화의 폐해가 문제시되고 있다. 그중 하나가 개인 정보 보호이다. GAFA를 비롯한 디지털 플랫폼 기업은 지금까지 이용자의 막대한 개인 데이터를 수집·축적해서 고객경험의 향상과 새로운 서비스의 개발에 활용했다. 그러나 개인 정보가 어떻게 다루어지는지 이용자는 전혀 알 수 없었고, 페이스북이 최대 8,700만 명의 개인 데이터를 유출시킨 사건도 일어났

디지털 자본주의의 문제가 드러나다

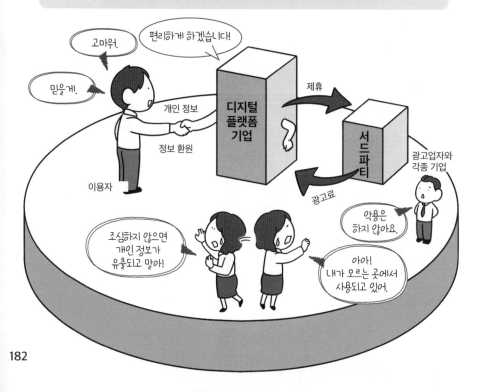

다. 이 사건으로 인해 사생활 침해의 위험성에 늘 노출되어 있다는 사실이 밝혀졌다.

현재 세계는 개인 정보 보호라는 커다란 흐름을 타고 있으며 유럽에서는 일반 데이터 보호 규칙이 생겼고, 미국에서는 캘리포니아주 소비자 개인 정보 보호법이 시행되었다. '정보 중시'에서 '사생활 중시'로 변화된 것이다.

디지털화는 사회·경제의 양상과 사람들의 가치관을 크게 바꾸었다. 그러나 디지털화의 폐해가 드러나기 시작한 이상, 개선점을 모색하기 시작했다. 그것은 곧 GAFA의 미래 모델이고, '포스트 디지털 자본주의'라고 할 수 있다. 디지털 자본주의가 물질적인 풍요로움만을 요구한 나머지, 중요한 것을 잃어버리고 살고 있는지 모른다. GAFA의 미래, 혹은 포스트 디지털 자본주의의 방향을 보여주는 것에는 항상 인간 중심주의가 있을 것이다.

개인 정보의 가치가 높아지는 시대

11 포스트 코로나 시대에는 GAFA도 안심할 수 없다

포스트 코로나 시대의 경쟁은 이미 시작되었다. 위기를 극복하기 위해서는 변화를 통해 새로운 것을 맞이해야 할 것이다.

코로나19 바이러스의 전염은 세계 경제에 어두운 그림자가 되었다. 현재 포스트 코로나를 둘러싼 각국의 경쟁은 치열해졌다. 이때 기업이 어떤 전략을 가지고 있느냐에 따라 그 후의 추세가 정해지는 상황이다. 이 같은 위기적 상황에서는 다음과 같은 변화가 앞으로 일어날 것임을 염두에 두자.

첫째, 가치관의 변화가 빠르게 온다. 현재 경제가 좋지 않은 상황이고 이 한계에 부딪힌 금융 자본주의를 다시 한 번 재검토해야 한다. 빈부 격차의 확

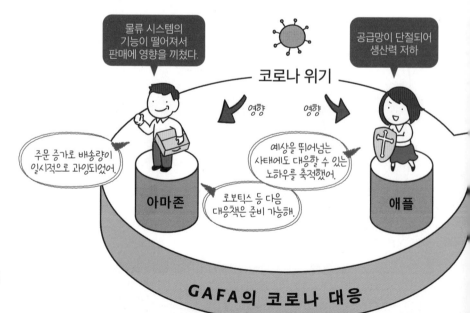

대를 경계하면서 사회구조의 재편에 관심이 쏠린다.

둘째, 지지를 얻지 못하는 기존의 체제는 도태된다. 기업의 리더는 평소의 위기와는 다른 차원의 위기의식을 가지고 앞으로의 경제 위기에 대비해야 한다. 이는 기존 체제로는 불가능한 일이다. 근본적인 구조 개혁을 포기한 조직은 힘이 빠지고 도태될 것이다.

셋째, 새로운 사회가 탄생한다. 궁극의 위기적 상황을 새로운 가치관과 체제로 극복한 국가나 기업은 포스트 코로나 세계에서 더욱 돋보일 것이다.

포스트 코로나 세계에서 중앙집권적 가치관은 더욱 기피될 것이다. GAFA의 우위성은 흔들리지 않겠지만, 중요한 것은 이 위기 상황에서 기업이 세계와 사회를 위해 해야 할 일을 찾는 것이다.

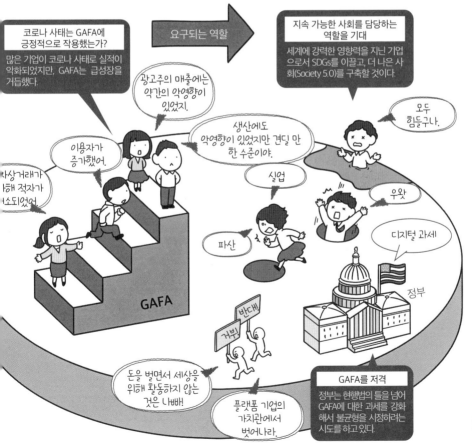

12 소사이어티 5.0 시대

소사이어티 5.0은 가상공간과 현실공간이 융합해 경제 발전과 사회적 과제의 해결을 양립시 키는 차세대 구상이다. 그 핵심인 인간 중심주의는 국가의 산업 활로가 될 만한 콘셉트이다.

소사이어티 5.0이란 가상공간과 현실공간을 고도로 융합시킨 시스템으로 경제 발전과 사회적 과제의 해결을 양립시키는 인간 중심 사회이다. 이는 사 람들이 보다 쾌적하고 활력 있게 생활할 수 있는 사회이며, 수렵 사회(Society 1.0), 농경 사회(Society 2.0), 공업 사회(Society 3.0), 정보 사회(Society 4.0)에 이어 지는 새로운 사회이다. 지금까지의 정보 사회에서는 지식과 정보가 공유되 지 않고, 각 분야의 연대가 불충분했다는 인식에서 비롯되었다.

소사이어티 5.0은 어떤 사회인가?

소사이어티 5.0에서 실현하는 사회는 IoT로 모든 사람과 사물이 연결되고, 다양한 지식과 정보가 공유되고, 지금까지 없었던 새로운 가치를 창출함으로써 여러 가지 문제를 극복할 수 있는 사회이다.

소사이어티 5.0에서 가장 중요한 것은 '인간 중심주의'이다. 이것이야말로 GAFA의 미래 혹은 포스트 디지털 자본주의의 방향을 보여주는 것이다. GAFA의 장래를 살펴보면서 미래 사회의 콘셉트를 더욱 진화·강화시키는 것이야말로 새로운 국가의 산업 활로를 찾는 데 중요한 역할을 할 것이다. 또한 데이터를 둘러싼 국제적인 경쟁에서 뒤처지지 않기 위해 나아가야 할 길이다.

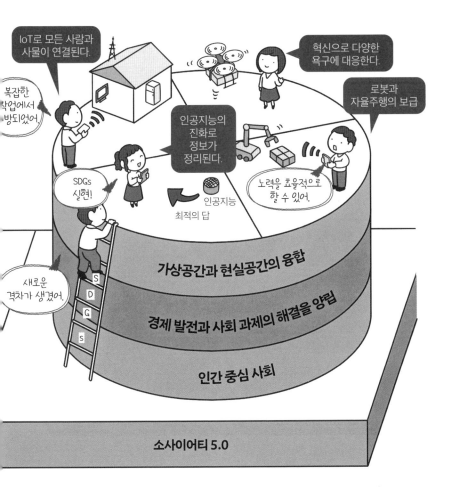

디지털 자본주의 시대의 왕

제프 베이조스

아마존

제프 베이조스는 1964년 1월 12일에 미국 뉴멕시코주 앨버커키에서 태어나, 텍사스주 휴스턴에서 자랐다. 그가 어렸을 때 부모가 이혼을 해서 그는 어머니와 함께 외할아버지 집에서 생활했다.

1968년, 베이조스가 네 살이었을 때 어머니가 재혼을 했다. 그 후 가족이 플로리다주 마이애미로 이사했고, 베이조스는 마이애미에 있는 고등학교에 입학했다. 그는 고등학생 시절에 플로리다대학교의 학생 과학 훈련 프로그램에 참여도 했는데, 고등학교 성적이 매우 우수했기 때문에 국가 우수 장학생으로 선발되었다. 1986년에 프린스턴대학교에서 전기공학과 컴퓨터과학 학위를 취득하고 졸업했다.

베이조스는 금융통신 스타트업 기업에서 일한 후, 헤지펀드 회사 D. E. 쇼에서 인터넷을 통한 비즈니스 업무에 종사했다. 그는 인터넷 이용자가 급증하고 있음을 깨닫고 1994년에 자신의 집 창고에서 인터넷 서점 '카다브라닷컴(Cadabra.com)'을 창업했다. 이듬해 1995년 7월에는 '아마존닷컴(Amazon.

com)'으로 이름을 바꾸고 정식 출범했다. 아마존은 첫 1개월 만에 미국의 모든 주와 45개국에 책을 판매했다. 책뿐만 아니라 온갖 상품으로 가짓수를 확대하면서 급성장을 이루었고, 1997년 5월에는 주식 공개를 했다.

2000년 초에 아마존은 경영 위기에 빠졌다. 베이조스는 유통 센터의 문을 닫거나 인원을 줄이는 등의 구조조정을 단행했다. 경영 구조를 정비한 아마존은 현재 세계 최대의 소매 기업이 되었다. 2013년에는 <워싱턴 포스트>를 매수했고, 2017년에는 약 10억 달러 상당의 자사 주식을 매각해 직접 설립한 우주 개발 회사 '블루 오리진'에 투자했다. 2020년 시점에 베이조스의 자산은 2,046억 달러이며, 세계 최초로 자산이 2,000억 달러를 넘은 인물이 되었다.

맺음말

GAFA의 경영전략으로
알아보는 미래 산업

마지막으로 GAFA의 강점이 어디에서 비롯되는지 생각해보자.

첫째, 현대 비즈니스를 둘러싼 경쟁의 원리는 단일 상품이나 서비스가 아니라, 플랫폼이나 생태계라는 전체로 승부하는 것이다. 예를 들어, 애플의 매출은 대부분 아이폰과 아이패드 등 하드웨어에서 이루어지지만, 비즈니스 모델로서는 하드웨어·소프트웨어·서비스로 이루어져 있다.

둘째, GAFA는 고객 체험을 향상시키는 것에 중점을 두어 비즈니스를 전개한다. 기업 중심이 아니라 고객 중심주의이며, 그 결과로서 큰 성공을 거둘 수 있었다. 여기에서 간과할 수 없는 것은 가용성의 향상을 지향해야만 사용자의 지지를 받고 점유율을 높여 시장을 장악할 수 있다는 점이다.

셋째, 대담한 비전과 고속 PDCA(Plan Do Check Action) 사이클을 합치는 것이다. GAFA의 공통점은 무언가를 시작할 때 큰 비전을 내걸고 빠르게 그 목표를 실현한다는 것이다. 위의 세 가지를 잘 연구하다 보면 GAFA의 강점이 무엇인지 또 그 강점을 어떻게 활용해야 하는지 알게 될 것이다.

여기서도 소개했듯이, 현재 GAFA는 지나치게 거대해졌다는 비판을 받으며 분할·해체론까지 나오고 있다. 1998년에 마이크로소프트가 반트러스트법 위반으로 미국 법무부에 제소당한 적이 있지만, 그때는 정세가 크게 달랐다. 하지만 지금은 미국과 중국이 신냉전 상태에 있고, 기술 패권과 안전보장이 불가분의 관계이다.

GAFA는 미국의 기술 패권을 뒷받침하는 기업이므로 이들을 약체화시키면 결국 중국 기업만 좋을 뿐이다. 따라서 분할·해체론에는 의문이 남는다. 그러나 그것도 GAFA가 소비자의 지지를 꾸준히 얻을 수 있느냐에 달린 문제다. 개인 정보 문제 등을 해결하고 고객 제일주의를 확고히 지켜나가는 것이 앞으로는 더욱 중요할 것이다.

다나카 미치아키

플랫폼 제국의 성공 시나리오

초판 1쇄 발행 2021년 4월 30일

지은이 | 다나카 미치아키
옮긴이 | 이용택

발행처 | 이너북
발행인 | 이선이

편   집 | 이양이
마케팅 | 김 집
디자인 | 이유진

등   록 | 제 2004-000100호
주   소 | 서울특별시 마포구 백범로 13 신촌르메이에르타운 II 305-2호(노고산동)
전   화 | 02-323-9477 **팩 스** | 02-323-2074
E-mail | innerbook@naver.com
블로그 | http://blog.naver.com/innerbook
페이스북 | https://www.facebook.com/innerbook

ⓒ 다나카 미치아키, 2021
ISBN 979-11-88414-31-4 (03320)